Anja Mazuhn
Meine wilden Inseln

W0078586

Anja Mazuhn

Meine wilden Inseln

Wie ich auf den Färöern zwischen Wellen, Wind und Schafen mein Glück fand

Mit 72 farbigen Abbildungen,
elf Illustrationen und zwei Karten

MALIK

Mehr über unsere Autor*innen und Bücher:
www.malik.de

Wenn Ihnen dieses Buch gefallen hat, schreiben Sie uns
unter Nennung des Titels »Meine wilden Inseln« an
empfehlungen@piper.de, und wir empfehlen Ihnen gerne
vergleichbare Bücher.

Inhalte fremder Webseiten, auf die in diesem Buch
(etwa durch Links) hingewiesen wird, macht sich der Verlag
nicht zu eigen. Eine Haftung dafür übernimmt der Verlag nicht.

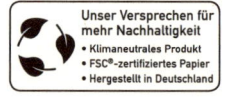

ISBN 978-3-89029-558-9
© Piper Verlag GmbH, München 2022
Bildteilfotos: Anja Mazuhn
Karten und Illustrationen: Sophia Ulbrich, Berlin
Satz: Uhl + Massopust, Aalen
Gesetzt aus der Scala OT
Litho: Lorenz & Zeller, Inning am Ammersee
Druck und Bindung: CPI books GmbH, Leck
Printed in the EU

Inhalt

Prolog 7

Reif für die Insel 14

Das Haus am Meer 19

Der erste Sommer 29

Bei Wind und Wetter 49

Wieder Entdeckerin 68

Elduvík, kein Dorf wie jedes andere 91

Über das Meer und die Tiefen 110

Die Rotwein-Utopie 129

Feste feiern, wie sie fallen 149

Etwas kocht, etwas gärt, etwas reift 173

Schaf Nummer 21 194

Epilog 217

Dank 221

Prolog

Jetzt stehe ich schon seit vier Stunden hier, und wer weiß, wie lange es noch dauern wird. Die Schere in meiner Hand ist überdimensional groß, aus einem u-förmigen Stück Stahl geschmiedet und schmierig. Jedes Mal, wenn ich eine Faust mache und die federnden Bügel der Schere mit Kraft zusammendrücke, schneiden ihre Klingen. Wenn ich meine Hand wieder entspanne, öffnet sich die Schere. Ich fange immer mit einer geraden Linie an. So, als ob ich erwartungsvoll ein mit Herzchen verziertes Paket am Klebeband entlang aufschneiden würde. Nur dass die Pakete hier keine Geschenke in Pappkartons sind, sondern laut blökende, kreuz und quer durch einen Pferch springende Schafe.

Ich ziehe die lockere Wolldecke am Hinterteil des Tieres so weit wie möglich hoch, steche die Schere vorsichtig in den mit Schafdampf gefüllten Zwischenraum hinein, fahre gerade den Rücken entlang bis zum Hals und schneide anschließend die Seiten und um den Kopf herum. Die meisten Schafe, die auf meinem Tisch landen, haben anfänglich nicht die geringste Lust stillzuhalten. Auf dem kniehohen, kotverschmierten Holzpodest vor mir bocken sie wie Bullen beim Rodeo, knurren, werfen sich auf den Bauch oder versuchen, den Riegel der zweigeteilten, oval ausgeschnittenen Holzplatte aufzuschieben, in der ihr Kopf steckt. Um sie zu beruhigen, tätschle und kraule ich sie und murmle – mal mit mehr, mal mit weniger Erfolg – freundliche Worte, so was wie »Ist schon gut«, »Keiner tut dir was«, »Du bist aber eine Hübsche« und »Zeit für einen neuen Haarschnitt«.

Am besten kann ich Kurzhaarfrisuren mit Stufen. Und als Massage streiche ich den Schafen sanft über das Fell. Unter ihrem struppigen Haarkleid spüre ich einen pochenden Herzschlag, der mich an mein altes Leben erinnert, an dieses glitzernde, dröhnende Großstadt-Bum-Bum, das lange mein Antrieb war. Über zwanzig Jahre habe ich in Berlin als Journalistin gearbeitet, zehn davon als Society-Reporterin, die Hollywoodstars jagte und von Filmpremieren, Bällen und Wirtschaftsempfängen berichtete. Früher war ich die Klatschreporterin in High Heels, die auf dem Gesellschaftsparkett der Berliner Republik jeder kannte. Jetzt bin ich die, die in Gummistiefeln auf einem winzigen Archipel steht und mit den Schafen spricht.

Färöer. Achtzehn von Wind und Wetter umtoste Inseln mitten im Nordatlantik, irgendwo zwischen Island, Schottland und Norwegen. Bewohnt von ungefähr 53 000 Menschen und 70 000 Schafen. Die Inseln, die ich zu meinem zweiten Zuhause gemacht habe.

Ich mag alle Schafe um mich herum, die wilden, die ruhigen und die, die den Kopf schief legen, wenn ich sie mit meinen Fingerspitzen kraule; ich mag ihren Freiheitsdrang, ihr Temperament und wie sie aussehen, ihre Ohren, die sich wie Radarschirme drehen, sobald sie das leiseste

Geräusch hören, ihre großen, seitlich am Kopf sitzenden Augen, ihre frechen und sanften Gesichter, ihr milchweißes, kakaobraunes, kastanienrotes und schwarzgraues Fell, uni und gescheckt, und ihre Wolle, die sich, Wasserfällen gleich, mit einer verschwenderischen Fülle aus Korkenzieherlocken und zotteligen Fransen über ihre Flanken ergießt. Dünne Beinchen tragen diese Tiere an die unglaublichsten Orte. Manchmal sehe ich sie am Rand einer senkrecht abfallenden Klippe grasen, oben die Schafe und 300 Meter weiter unten die aufgewühlte See. Ebenso mühelos trippeln und springen sie hinauf in die Berge, an steilen, grasbewachsenen Hängen entlang, über Geröll und treppenförmige Felsformationen bis hoch zu den nebelverhangenen Gipfeln der Färöer.

Von meinem Platz im Schafgatter aus sehe ich gezackte Bergrücken, ein tief eingeschnittenes Tal und mit Veilchen und Dotterblumen betupfte Juliwiesen. Und wenn ich mich, so wie jetzt, einmal im Kreis drehe, außerdem einen Feldweg, Pick-ups, schwanzwedelnde Border Collies, einen Stapel Pfannkuchen, auf Zaunlatten aufgetürmte Vliese, Nachbarn, meinen Mann und die versammelte schafscherende Dorfgemeinschaft. Mit meiner Freundin Malan, die auf der Tasche ihrer ausgebeulten Jogginghose ein Clipboard abstützt, tausche ich ein Lächeln aus. Ansonsten halte ich es wie die Färinger und Färingerinnen: bei der Schafschur viel schneiden und wenig reden. Meine Jeans, die am Knie gerissen ist, der heute früh noch dunkelblaue und nun mit wollweißen Fusseln übersäte Fleecepullover, die Uhr, die ich trage, meine mit einem ausgeleierten Frotteehaargummi zusammengebundenen Haare: Alles riecht nach Schaf. Die Hand, mit der ich die überdimensionale Schere halte, schmerzt, aber das cremige Lanolin, das in der Schafwolle steckt, hat sie weich gemacht.

Wind kommt auf, der salzige Luft vom nahen Ozean herüberträgt und im Tal Myriaden flaumweicher Wollgräser durchweht, ein Meer sanft schaukelnder Wattebäusche; direkt vor mir das wogende Heer der Schafe. Dreck spritzt, und weil ich mich gerade bücke, landet er nicht nur auf meiner Hose, sondern auch in meinem Gesicht. Wegwischen? Selbst wenn ich wollte, es wäre sinnlos. An mir klebt überall Schaf. Schmutziger könnte ich kaum sein. Aber auch nicht glücklicher.

Das metallische Schneidegeräusch meiner Schere, das Knarzen sich öffnender und schließender Gattertore, der sporadische Singsang melodisch-klarer und zischend-fließender, leichtzüngiger Worte: Mit einem Mal wird alles um mich herum leise und alles in mir drinnen laut. Eine Emotionswelle trifft mich, und Glückstränen schießen in meine Augen. Jetzt bloß nicht weinen. Auf gar keinen Fall will ich, dass mich irgendjemand so sieht. Nicht einmal die Schafe. Um wieder herunterzukommen, stelle ich mir vor, dass ich in der Yoga-Position Baum auf einer Schäfchenwolke stehe, die in Zeitlupe nach unten sinkt. Die Wolke ist mein Herzschlag, und der wird langsam wieder normal.

Eine Stunde später greife ich nach dem letzten Schaf. Zum letzten Mal an diesem Tag wate ich durch Schlamm, Schafkot und durchweichte Büschel gekräuselter Schafwolle. Mit dem Wasserschlauch am Pferch spüle ich meine Gummistiefel ab und werfe sie auf die Ladefläche unseres Wagens. Die 500 Meter bis nach Hause fahren wir mit dem Auto. Mit steifen Bewegungen ziehe ich mir die verdreckte Kleidung aus und gehe unter die Dusche. In den heißen

Wasserstrahl, der auf mich herunterprasselt, mischen sich Lachen, Tränen und so ein Gefühl, die Welt umarmen zu wollen. So wie damals als Kind, als mir mein Kaninchen entwischte und mein Vater auf dem Friedhof, der an das Grundstück unserer Nachbarn grenzte, auf ein Grab hechtete und es wieder einfing.

Der Spiegel, die Wände, die Türen der Duschkabine: Alles beschlägt, aber ich sehe glasklar. Glück kann man nicht bestellen, aber man kann es wagen. Und wenn du ganz viel Glück hast, dann stehst du irgendwann in einem Haus mit Grasdach am Panoramafenster im Wohnzimmer und schaust zu, wie in der Bucht und über dem kleinen Dorf, das zu deinem zweiten Zuhause geworden ist, erdbeerrote und lilafarbene Wolken segeln. Es ist inzwischen kurz vor Mitternacht, meine Haare sind nass, mein Bauch ist voller Suppe, und in meinen butterweichen Händen, die immer noch ein bisschen nach Schaf riechen, halte ich ein Glas Rotwein.

Der nächste Morgen. Ab zur Tür, den kleinen orangefarbenen Rucksack auf dem Rücken. An den Füßen trage ich Wollsocken und meine Lieblingsgummistiefel, Naturkautschuk mit Profil, leicht, elastisch und dehnbares Innenfutter aus Jersey, dazu eine Jogginghose, ein T-Shirt und einen braun-weiß gemusterten Färöerpullover. Raus, das Knirschen von Schotter unter meinen Stiefeln, zwischen eng beieinanderstehenden Häusern und Schuppen hindurch – so eng, dass ich, wenn ich die Arme ausstrecke, links ein Holzpaneel und rechts ein Fundament aus Stein berühre. Ein bisschen mehr Dorf, halbe Gardinen, Blumentöpfe, Ferngläser und Buddelschiffe hinter Fensterglas. Der blaue Dorfbriefkasten. Die weiße Holzkirche mit dem grünen Wellblechdach, darunter das von der Decke hängende Modell eines Ruderbootes, Altarkerzen und die Gedenktafel für die Männer, die hinaus auf See fuhren und nicht zurückkamen. Jetzt das letzte Stückchen Dorf, karierte Hemden und selbst gestrickte Socken auf Wäscheleinen, ein Rhabarbergärtchen, eine Outdoorbadetonne, und dann patsche ich mit meinen Gummistiefeln auch schon durch Pfützen und Schlaglöcher, in denen Regenwasser steht, weiße Schafgarbenblüten, gelbes Habichtskraut und lilafarbene Braunellen am Wegesrand.

Stórá, der Bach, der aus den Bergen kommt, sich durchs Tal und unser Dorf schlängelt, unter der Brücke hindurchfließt und sich am Ende seiner Reise in den Nordatlantik ergießt, glitzert im Sonnenlicht. Am Holztor neben dem Schafgatter schiebe ich hinter mir den Riegel zu und laufe über sumpfigen, hügligen Grund hinein ins Tal. Eine liebliche Graslandschaft, an deren Seiten sich felsige und schroffe Hänge erheben. Die Häuser hinter mir werden kleiner und kleiner, bis sie nur noch bunte Punkte sind, über denen ich als blauen Streifen den Ozean sehe; darüber die abgeschnittene Silhouette unserer Nachbarinsel Kalsoy und ganz oben im Bild, das die Natur für mich malt, Schichten aus Sahnebaiserwolken und blauem Himmel.

Weiter, immer tiefer hinein ins Tal, der Quelle entgegen, über steiniges Terrain und mit Findlingen übersätes Grasland, laufe und klettere ich, neben mir rauscht der Bach in Gestalt eines kleinen Wasserfalls, um mich herum Berge, von denen ich weiß, dass sie über 700 Meter hoch sind; an ihren Flanken und um die Spitzen herum immer noch Flecken aus reinweißem Schnee.

Zwei Stunden nachdem ich losgelaufen bin, hänge ich auf einem majestätischen Bergplateau meinen Rucksack über einen Holzpfahl, ziehe mir die Gummistiefel, mit denen man auf nassem Gras nicht rutscht, den Pullover, das T-Shirt, die Jogginghose und die Wollsocken aus, lege ein Handtuch über ein Stück verbogenen Drahtzaun und steige in den Bergsee. In seiner Oberfläche spiegeln sich die Wolken und der Himmel. Das Wasser ist flach, klar und kalt, aber ich friere nicht. Aus der Mitte des Sees ragt ein Findling heraus, auf den ich mich setze. Hochgetürmte, steingrau lichte Breite und Weite. Moosgrün gepolsterte Stille. Gipfelstürmendes, bergseeblaues Glück.

tjaldur [ˈtʃaldʊɪ]

Reif für die Insel

Ein ungemütlicher Tag im Februar mit Nieselregen und Temperaturen knapp über null. Das Taxi mit dem Duftbaum am Rückspiegel rollt im Berliner Stadtteil Grunewald an Erkertürmchen, Luxusapartmenthäusern und parkähnlichen Grundstücken vorbei und hält in der Brahmsstraße vor einem großen schmiedeeisernen Tor.

»So, da sind wa«, verkündet der Fahrer. »Det macht zweiundzwanzig fuffzig.«

Ich krame 25 aus meinem Portemonnaie, »danke, stimmt so, auf Wiedersehen«, und steige aus dem Taxi. Kaum habe ich die Tür geöffnet, kommt auch schon ein Portier mit einem Regenschirm auf mich zugeeilt. »Willkommen im Schlosshotel, schön, Sie wieder bei uns zu haben«, sagt er und geleitet mich zum Eingang. Eine Villa mit verzierter Kassettendecke, Wandverkleidungen aus dunklem Holz und rostroten Seidentapeten, in deren tennisplatzgroßer, zwei Stockwerke hoher verwaister Mitteldiele ich unter Kronleuchtern in einem monströsen Sessel sitze und mit kleinen Schlückchen heißen grünen Tee trinke. Meine Handtasche, die neben mir liegt, ist eine karamellfarbene der Marke Tod's, die perfekt zu meinen hochhackigen Stiefeletten passt. Eine Weile geschieht nichts. Dann höre ich, wie das Tor über den Boden schleift und Autos vorfahren. Ich beiße mir auf die Lippe – jetzt bloß nicht den richtigen Moment verpassen, da, mitten im Tross, ist er! – und drücke auf den Auslöser einer Kamera, die ich zuvor aus meiner Handtasche genestelt habe.

Wer zuerst erstarrt, Leonardo DiCaprio, Star der Filmfestspiele, oder ich, die Gesellschaftsreporterin der Zeitung *Die Welt*, kann ich nicht sagen. Aber eines weiß ich ganz genau: Ich habe vergessen, das Blitzlicht auszuschalten. Augenblicklich gehe ich hinter der Lehne meines Polstermöbels in Deckung. Was am Empfang gesprochen wird, höre ich nicht. Nur, dass es laut und hektisch wird. Am liebsten würde ich immer tiefer und tiefer in meinen Sessel hineinrutschen und mich dabei in Luft auflösen. Weil es diese Option aber nicht gibt, bleibe ich sitzen und warte.

Ich bin mir absolut sicher: Gleich kommt einer der Bodyguards zu mir herüber und staucht mich zusammen. Passiert aber nicht. Stattdessen sehe ich, wie Leonardo DiCaprio, Jeans, Sweatshirt und Baseballkappe, angereist für den Film »The Beach«, im Stockwerk über mir in der Bibliothek steht und mit unbeweglicher Miene zu mir hinunter in die Halle starrt. Zwei, drei Sekunden vielleicht. Dann verschwindet das Fenster zu Hollywood hinter Stoffvorhängen. Langsam richte ich mich wieder auf. Höchste Zeit, dass auch ich verschwinde.

Draußen hat es aufgehört zu nieseln. Vorbei an Autogrammjägern und Fotografen, die mittlerweile das Portal belagern, haste ich den Bürgersteig entlang bis zur nächsten Straßenlaterne. Dort ziehe ich mein Mobiltelefon aus meinem schwarzen Wollmantel und mache drei Anrufe. Anruf eins: Taxizentrale. Anruf zwei: Mailbox. Anruf drei: mein Kontakt.

»Hallo, ich bin's. Tut mir total leid. Soll ich dir den Film geben?«

Pause. Dann: »Nee, hier ist wieder alles okay. Lass mal.«

»Sicher?«

»Sicher.«

Gewonnen.

Am nächsten Tag haben wir von der seriösen *Welt* Leonardo DiCaprios Ankunft exklusiv, und die Zeitschrift *Bravo* kauft mein Foto. Damals, Gerhard Schröder ist Bundeskanzler, Harry Potter fegt mit seinen ersten Abenteuern über die Bestsellerlisten, und das Nokia 3310 kommt auf den Markt, ist meine Journalistenwelt noch in Ordnung und der Beruf mein Leben.

Ich arbeite als Redakteurin, zuerst in der Lokalredaktion der *B.Z.*, dann als Redakteurin und Society-Reporterin mit Vertrag und eigener Kolumne für *Die Welt*. Den Anbruch des neuen Jahrtausends feiere ich mit Freunden und Nachbarn auf unserer Gemeinschaftsdachterrasse in Berlin-Kreuzberg. Nachts, wenn ich nach Hause komme, fahre ich mit dem Fahrstuhl an Büroetagen vorbei bis hoch zum Penthouse und schließe die Tür zu meiner Maisonettewohnung auf. Der Ausblick von meinem Sofa durch die Glasfront: Großstadt pur. Die Lichter der wiedervereinigten Stadt: mir zu Füßen. Das Verlagshaus: immer in Sichtweite. Meinen ersten Artikel habe ich über DDR-Grenzschutzhunde und den Todesstreifen geschrieben, bald darauf bin ich von früh bis spät für die Stars und Sternchen zuständig.

Bono von U2 klettert im Prominentenrestaurant Borchardt nachts um halb eins auf eine Sitzbank und küsst George Clooney ab: Ich bestelle gerade ein Wiener Schnitzel. Champagnerparty im Mitte-Stadthaus eines Investors und Kunstsammlers: Ich inspiziere seine Rauchs, Richters und den Wasserfall im Entree. Modedesigner Emanuel Ungaro, schwarzes Cordjackett, pinkfarbenes Einstecktuch, rote Schuhe, bittet zum Lunch ins Hotel Adlon: Ich sitze mit am Tisch. Neujahrsempfänge im Januar. »Goldene Kamera« der Zeitschrift *Hörzu* und »Berlinale« im Februar. Musikpreisverleihung »Echo« im März. »Deutscher Filmpreis« im Juni. Hoffest des Regierenden Bürgermeisters im September. Operngala für die Deutsche AIDS-Stiftung im November. Bleigießen im Borchardt. Und Jahr für Jahr im Januar geht alles von vorne los.

Ich rufe Schauspielerinnen an und frage sie, ob sie schwanger sind. Ich schreibe, dass Anke Engelke einen langen Rock aus Taft und ein bauchfreies Top mit Blumenmuster trug. Ich lasse mir von Moderatorinnen erzählen, wohin sie in den Urlaub fahren. Ich rase in den Fünf-Sterne-Fitnessclub, für den ich eine goldene Mitgliedskarte habe, und jogge auf dem Laufband neben Nick Nolte. Ich mache in meiner Freizeit Pressereisen für unsere Reiseredaktion: Flusskreuzfahrt in China, pinkfarbener Sandstrand auf Bermuda, Privatinsel und Schnorcheln in der Karibik. Ich rufe eine Schulfreundin an und erzähle ihr, dass ich einsam bin. Ich frage mich, ob ich nicht doch Biologin hätte werden sollen, das hatte eine Zeit lang zur Debatte gestanden; oder vielleicht Expeditionsgeologin; Atmosphärenchemikerin; eine Eisblumen erforschende Schneephysikerin. Nun bin ich Journalistin. Ich möchte das Ressort wechseln.

Ich hänge fest im Klatsch. Ich friere an roten Teppichen, habe Kopfschmerzen, bekomme Gehaltserhöhungen und warte auf Paris Hilton. Ich stehe auf Partys und weiß nicht mehr, was ich die immer selben Leute fragen soll. Ich stelle mir vor, anders zu leben, weiß aber nicht, wie, mit wem und warum. Ich bin verliebt und wieder Single. Ich ziehe dreimal um. Ich bin die Hauptstadt-Society-Reporterin der *Welt*, und das Bum-Bum in meinem Kopf wird immer lauter.

Was tun, wenn das Gefühl von Sinn schwindet, immer kleiner wird am Horizont, während man auf einem Meer alltäglicher Verpflichtungen treibt, zwischen Glitzer, Glamour und Oberflächlichkeiten? Irgendwann, irgendwo ist man vom Kurs abgekommen, und nun kreiselt man vor sich hin, Runde um Runde, gefangen im Sog des Mahlstroms, ewige Fahrt, in einem Boot ohne Segel, ohne Kompass, ohne Ziel. Wie zieht man die Reißleine, ohne über Bord zu gehen? Wo geht man an Land?

hús [ˈhʉuːs]

Das Haus am Meer

Das Leben kümmert es nicht, ob das, was gerade passiert, alles verändern wird, es kündigt nichts an. Kein Alarmknopf, der rot aufblinkt. Niemand, der mit einem Schild, auf dem »Jetzt!« steht, durchs Bild hüpft. Kein Trompeter, der eine Fanfare spielt. Dem Leben ist es egal, was als Nächstes kommt. Und wenn diese eine große Sache geschieht, trägt man eben keinen Damensmoking, sondern dicke Socken, Jogginghose und eine Wolldecke. Wie bei einem Fernsehnachmittag auf dem Sofa. Ich wohne nicht mehr allein, sondern zu zweit. Mit meinem Mann, dem Kulturmanager, den ich bei einem Robbie-Williams-Konzert kennengelernt habe.

Der Globus in unserem Wohnzimmer in Berlin-Heiligensee leuchtet. Gleich beginnt eine Dokumentation, Winter auf den Färöern. Eine weitgehend autonome Inselgruppe, die zum Königreich Dänemark gehört. Auf der Weltkugel nicht mehr als ein Klecks im Nordatlantik. Der Film erzählt Geschichten von einem abgelegenen Archipel mit schroffen Klippen, rauem Wetter und Dörfern im Nebel. Eine kleine Fähre stampft von Insel zu Insel durch

hohe Wellen, an einer Mole kann sie nicht anlegen, Postsäcke, Lebensmittel und Kisten müssen an Land gewor-
fen werden. Eine reisende Pastorin predigt in einer Kirche
am Wasser und macht Hausbesuche. Ein Mann, der einen
braunen Wollpullover und eine orangefarbene Gummihose
trägt, kniet in einem Feld und erntet im Nebel Kartoffeln.
Ein Postbote, der wochentags vier Häuser zu versorgen hat,
läuft seine Runde.

Die Bilder umgarnen, fluten mich, saugen mich ein,
ich finde mich in einer Welt wieder, in der es mehr Schafe
als Menschen gibt, das Leben ist klein neben der Weite des
Himmels und der See. Fast scheint es, als ob jemand all
die Uhren, die rundherum um den Globus ticken, angehal-
ten hätte, und danach läuft die Zeit langsamer. Während
ich gebannt auf den Fernseher schaue, sitzt mein Mann
neben mir auf dem Sofa und googelt Ferienhäuser auf den
Färöern. Da müssen wir unbedingt hin – er hat auch schon
jemanden am Telefon. Ob das Haus frei sei. Wann denn?
Gleich jetzt am Wochenende. Der Mann am anderen Ende
der Leitung scheint kurz irritiert zu sein, schließlich ist
Januar, aber wir könnten natürlich sehr gerne kommen, der
Schlüssel hänge am Haus.

Drei Tage später stehen wir auf dem Flughafen Berlin-
Tegel und checken für den Flieger nach Kopenhagen ein.
Dort angekommen, steigen wir in eine Maschine von Atlantic Airways um, einer Fluggesellschaft, von der ich vorher
noch nie gehört habe, die aber gut sein soll. Während des
Fluges von Kopenhagen nach Vágar blättere ich im Bordmagazin. Die Texte sind auf Färöisch geschrieben und mit
seltsamen Buchstaben durchzogen, Ð, Æ, Ø; am Ende jedes
Artikels steht eine Zusammenfassung auf Englisch.

Das Titelbild zieren Köche, die in einem Hang herumklettern und Gras, Flechten und Moose zupfen. Weiter hinten stoße ich auf einen Bericht über einen färöischen Schauspieler, der in der dritten Staffel der TV-Serie »Kommissarin Lund« den Ministerpräsidenten spielt. Dem schließt sich ein färöisches Kreuzworträtsel an, kann man sich ja vorstellen, wie weit ich komme. Ich blättere zurück zur Mitte des Magazins, zu einer Zusammenstellung spektakulärer Bilder, die jemand aus einem Hubschrauber heraus geschossen hat. Im Vordergrund das Cockpit und die Piloten, im Hintergrund die vom Meer umspülten Inseln. Gewaltige, aufgefaltete, geschwungene und gewellte Gesteinsformationen, einige von ihnen so glatt, dass ich mit meiner Hand über ihre breiten, schwarz-braunen Inselrücken streichen möchte, andere mit scherenschnittartigen Zacken, schneebedeckten Gipfelpyramiden und kantigen Klippen.

Durchsage, unser Flieger setzt zur Landung an, die Nase des Flugzeuges schiebt sich durch Nebelfetzen, die Inseln kommen näher, steil und majestätisch ragen sie aus dem Wasser auf, nicht ein einziger Baum in Sicht. Wir fliegen über eine Klippe, auf der einen Seite der Ozean, auf der anderen ein See, der als Wasserfall in den Nordatlantik stürzt. Kurz darauf kommt schon die kleine Landebahn, die Räder des Flugzeuges setzen auf, und wir sausen über den Boden.

An einem Schalter holen wir den Schlüssel für unseren Mietwagen ab, verstauen auf dem Rücksitz unsere Taschen, und plötzlich sind wir mittendrin in der ungezähmten Natur und den rauschenden Wellen, und alles ist noch viel schöner und wilder, als wir es uns vorgestellt haben. Eine Woche Färöer aus der Ferienhausperspektive.

Die Luft ist frisch und klar und weit weg von allen anderen Existenzen. Straßen führen über Brücken und schlängeln sich an Fjorden entlang, Tunnel unterqueren Meerengen und durchbohren Felsmassive, einige von ihnen sind nicht beleuchtet und so eng, dass immer nur ein Fahrzeug hindurchpasst. Von ihren Decken tropft Wasser, und dort, wo das Echo und die Ausweichbuchten und die Dunkelheit wieder aufhören, springt die nächste Landschaft auf; mit dicken, winterbraunen Grasteppichen ausgelegte, abgeschiedene Täler; in kühnen Serpentinen ansteigende, vereiste Bergstraßen; Küstenlinien aus Mondkratergestein.

Nachts in Elduvík, dem Dorf auf der Insel Eysturoy, in dem wir Quartier bezogen haben, heult ein Sturm und rüttelt am Dach des Ferienhauses. Es hält. Am Montag fahren wir mit einer kleinen Fähre, die unter einem lila-grauen Tuschehimmel durch Wellenberge schaukelt, auf die Insel Nólsoy und essen im Hafen Kekse. Am Dienstag begegnen wir bei uns im Dorf einem Rudel frech dreinschauender Zottelschafe. Am Mittwoch setzen wir Wollmützen auf, steigen in Runavík zu einem Fischer und seinem Sohn ins Boot, und abends gibt es frisch gefangenen Dorsch. Am Donnerstag stehen wir in Gjógv, laut Reiseführer das färöische Wort für Schlucht und Klamm, und beobachten, wie das metallisch blau glänzende Meer weiße Krönchen aufsetzt und rhythmisch in eine gigantische Felsspalte rollt, ein 200 Meter langer natürlicher Hafen. Am Freitag laufen wir in Tjørnuvík über einen samtschwarzen Sandstrand. Und am Samstag ist mein Mann verschwunden. Eben war er noch da ...

Wir sind in Gásadalur. Ein paar bunte Häuser, die auf einem kolossalen Gesteinsbrocken vulkanischen Ursprungs wie auf einem Tablett hoch über dem Meer stehen. Hinter dem Dorf und seinem Grasland ragen Berge auf, und überall dort, wo es nicht weiter raufgeht, geht es steil runter. Klippen, ich tippe auf hundert Meter. Trügerisch glitzert das tintenblaue Meer in der Tiefe. Ganz sicher kein guter Ort, um von der Bildfläche zu verschwinden. Sonnenstrahlen blenden meine Augen, der Wind frischt auf und säuselt eine rätselhafte Melodie. Ich folge einem Trampelpfad, der hinauf zu einer Holzbank führt, auf der wir vor fünf Minuten noch zusammen gesessen haben. Hier ist er nicht. Wieder runter, langsam werde ich hektisch, vielleicht ist er zurück zum Wasserfall gelaufen – wobei, jetzt höre ich Stimmen, aber wo kommen die her? Ich bleibe stehen, lausche hinein in die Weite und den Wind, beuge mich vor, und dann sehe ich es. Die Stimmen steigen aus der Klippe zu mir herauf, in der hockt mein Mann und winkt mir zu. Neben ihm ein Mann mit brauner Wollmütze, der die Luft über dem gähnenden Abgrund mit einer vielleicht drei Meter langen Holzstange durchkämmt. Am Ende der Stange ist ein Netz befestigt, ein großer, v-förmiger Kescher. Der Mann reckt sich und die Stange in die Höhe, und dann fängt er einen Eissturmvogel.

Jeder hat seine eigene Art, sich zu verlieben. Dafür gibt es keinen Ablaufplan mit dreifachem Durchschlag, keine vorgefertigten Szenarien, die in irgendwelchen Schubladen liegen, keine Regeln. Nass. Sonne. Rosarot. Enzian. Uhu. U-Boot. Fallschirm. Rallye. Wüstenritt. Erdbeerbowle. Plüschtier. Lackleder. Megacity. Schmetterling. Kaktusfeige. Schlammkuhle. Kojote. Liane. Jurte. Dem Universum ist es egal, ob wir uns verlieben, es lässt es einfach geschehen. Kann man im Nachhinein ja immer noch gucken, ob es passt.

Am Ende der Urlaubswoche sitzen wir wieder im Flieger. Die Maschine von Atlantic Airways saust über die Landebahn, hebt ab, reckt die Nase in den Himmel und steigt hinauf ins Wolkenmeer. Die Färöer werden unter uns kleiner und kleiner, noch einmal sind sie kurz zu sehen, bevor sie endgültig verschwinden. Und wir haben uns in die Inseln verliebt.

Geheimniskrämerei-Suppe, drei Monate lang im Verborgenen geköchelt und gerührt, und als sie mir schließlich serviert wird, ist sie dermaßen heiß, dass ich mir den Mund verbrenne. Ich sitze neben meinem Mann auf dem Sofa und kriege keinen einzigen Satz raus. Vielleicht auch, weil ich weiß: Das ist der Moment. Die Chance. Nun ist die Reißleine zum Greifen nahe. Nächster Halt: Lebensveränderung.

Nach unserer Rückkehr hat mein Mann unentdeckt seine Aktivitäten gestartet, mit nur einem Ziel: ein Haus auf diesem wunderbaren Fleck Erde zu finden. Unermüdlich hat er das Internet nach Immobilien auf den Färöern durchforstet, so lange, bis er fündig wurde. Der Makler erwarte uns am Wochenende, sagt er nun zu mir. Danach diagnostiziert er mit knappen Worten, dass es mir – gelinde gesagt – guttun würde, weniger zu arbeiten oder mal eine Zeit lang auch gar nicht; frischer Wind, den Horizont weiten, neue Perspektiven. Im Anschluss erläutert er mir ein paar Zahlen und Berechnungen, und dann kann ich nicht mehr zuhören und möchte die Unterlagen sehen.

Im Bett wälze ich mich von einer Seite auf die andere, sortiere meine Kopfkissen neu, wende mit Händen und Füßen meine Decke. Kann man das einfach so machen?

In ein Land fliegen, eine Woche Urlaub machen und beim nächsten Mal gleich ein Haus kaufen? Wie ist das mit »die Prioritäten überdenken«, »Lebenszeit nutzen« und »Wer nicht wagt, der nicht gewinnt«, wenn es ans Eingemachte geht? Wobei mein Mann mir sagt, dass das gar nicht zur Debatte stehe, weil man so ein Haus notfalls auch wieder verkaufen könne. Wieder verkaufen? Bloß nicht – ein Haus auf diesen Inseln, mit Blick aufs Meer, nicht irgend so ein begrenztes Süßwasser, sondern Wasser, das richtig Bums hat, endlose, wogende, salzige Wellen, denen ich beim Einschlafen zuhöre. Befreiung im Norden, im Herrschaftsbereich des Golfstroms und der Ströme, die ihn verlängern, da frieren die Leitungen selbst im Winter nicht ein, man muss keinen meterhohen Schnee schippen, vielleicht findet sich obendrein ein netter Nachbar, der nach unserem Haus schaut, wenn wir nicht da sind. Fast hätte ich es vergessen: Wir müssen ja erst einmal eins kaufen.

Diesmal lese ich im Bordmagazin, dass Charles Lindbergh und seine Frau Anne Morrow 1933 auf die Färöer kamen – durch die Luft, wie es sich für Flugpioniere gehört. Mit ihrem Flugzeug steuerten sie Suðuroy an, die südlichste Insel des Archipels, und wasserten auf einem Fjord, danach wurden sie von Einheimischen zum Essen eingeladen; was es gab, steht nicht im Magazin. Der heutige Flughafen Vágar – auf Färöisch FAE Vága Floghavn, Tower, Flachbau, Rollfeld, alles klein und an diesem Tag in diesiges Licht getaucht – existierte damals noch nicht, genauso wenig wie die Straße, die an dem See entlangführt, über den wir eben noch drübergeflogen sind. Das Sørvágsvatn oder Leitisvatn (man kann beides sagen) ist der größte Binnensee der Färöer. An seinem Ufer liegen, im stillen Wasser vertäut, regennasse Boote. Weiter über Asphalt, die Kurven führen hinein in den Unterwassertunnel, der die Inseln Vágar und Streymoy miteinander verbindet, 4,9 Kilometer unter dem Meer, vorbeiziehende Lichter und Markierungen. Was wohl gerade über uns geschieht? Fahren Schiffe? Welche Fische schwimmen über unseren Köpfen herum? Gleiten unentdeckte Arten stacheliger Seemonster durch das große Nass?

Von Streymoy über eine Brücke hinüber nach Eysturoy, nicht eine Ampel während der einstündigen Fahrt, dafür Braun und Grün und Blau, hier und da Häuser, eine Kirche, eine Tankstelle, ein Supermarkt, ein Tunnel, an dessen Ende Licht aus den Wolken schießt. Die Straße, auf die wir abgebogen sind, muss auf halber Höhe in die Bergflanke gesprengt worden sein. Links die Leitplanke und dahinter, unten, ein Fjord. Rechts zerspaltenes Gestein, über das Rinnsale springen und heranwachsende Wasserfälle toben, die sich in Kuhlen sammeln und anscheinend unter der Fahrbahn hindurch abgeleitet werden. Andernfalls müsste die Straße hier überflutet sein, und die drei Schafe da vorne würden nicht vor unserem Auto herumstehen, sondern Ringelshirts und Matrosenmützen tragen und an uns vorbeischwimmen.

Nachdem die Tiere die Straße wieder freigegeben haben, erreichen wir das gelbe Ortsschild von Elduvík. Unser Auto holpert über Schotter an unserem vorherigen Ferienquartier vorbei, hält auf den Ozean zu, und dann steht am Ende des Weges der Makler und zeigt uns das Haus. Die lange Fensterfront im Flur, durch die man aufs Dorf schaut. Das Wohnzimmer mit dem spitz zulaufenden, offenen Dachstuhl und dem Kaminofen, auf dem eine gusseiserne Teekanne steht. Das Barschränkchen aus den Sechzigerjahren, das Sofa, das Panoramafenster zum Nordatlantik. Alles sieht genauso aus wie auf den Fotos. Nur: Das hier ist echt. Das ist unser Traumhaus, es hat sogar schnelles Internet. Das soll es sein, jetzt, sofort.

Wir sagen dem Makler, dass wir das Haus kaufen möchten. Er besteht darauf, dass wir uns zwei weitere Immobilien anschauen, damit wir vergleichen können. Fabelhaft sinnlos, weil das hier unvergleichlich ist, aber man möchte auch nicht unhöflich sein. Schnell haken wir die Besichtigungsrunde ab, fahren zurück nach Elduvík und füllen am Esstisch im Wohnzimmer ein Formular aus, das als verbindliche Kaufzusage gilt. Wenn der Verkäufer unser Gebot annimmt, gehört das Haus samt Inventar uns. Durch das Küchenfenster schaue ich hinunter auf die Bucht. Also ich als Charles oder Anne Morrow Lindbergh wäre an keinem anderen Ort als genau hier gelandet, und wenn alles glattgeht, brauche ich dafür nicht einmal einen Pilotenschein.

Im Anschluss an die Formalitäten lädt uns der Makler zu seiner Frau und sich nach Hause zum Essen ein. Es wird ein lustiger Abend mit Lammbraten und Wein. Noch nie hat er ein Haus an Ausländer verkauft; wie gesagt, wir wären gerne die ersten.

Zurück in Berlin, das Übliche. Großstadtgetöse, Social-Media-Schulung, Pizza-Döner-Burger, überquellende Mülleimer und dreißig Sorten Joghurt im Supermarktregal. Einen Tag lang schleiche ich nervös herum, am nächsten zeigt mein Mann mir die E-Mail: »Herzlichen Glückwunsch zum Haus!« Der Globus in unserem Wohnzimmer leuchtet heller als je zuvor. Da sind die Färöer, in etwa nur halb so groß wie das Saarland, kein Ort weiter als fünf

Kilometer vom Nordatlantik entfernt. An diesem unglaublichen Platz steht unser Haus am Meer. Unser zweites Zuhause. Von nun an haben wir noch ein Wohnzimmer, in Elduvík. Dreizehn Einwohner, eine Kirche, ein Friedhof, Bootshäuser; kein Laden, keine Bushaltestelle, keine roten Teppiche, keine Umstrukturierungen, keine Personalgespräche, keine Eventkalender, keine Meetings. Etwas Neues beginnt, die Welt dreht sich in einem anderen, neuen, schöneren Takt, und bald sind der Job und das Verlagshaus bloß noch blasse Erinnerung.

viti [ˈviːtɪ]

Der erste Sommer

Packen. Wanderschuhe, Angeln, Outdoorhosen, Bettdecken, gerahmte Bilder, Taschenlampen, Wäscheständer und tausend andere Dinge. Niemand weiß, wie mein Mann es bewerkstelligt, dass alles ins Auto passt – Houdinis Vermächtnis, unser Wagen als rollendes Warenlager. Ich bin gespannt, ob ich hier jemals wieder rauskomme. Im dänischen Hirtshals fahren wir in den Bauch der Fähre. Die Entfesselung gelingt, ich winde mich über den Fahrersitz. Und dann legt die *Norröna* ab. Die meisten Passagiere, die an Bord gekommen sind, wollen nach Island und lenken Busse, Camper und Unimogs, mit denen man für gewöhnlich durch die Mongolei und Wladiwostok kurvt, bevor man die Sahara durchquert. Hoffentlich hat sich keiner von ihnen verfahren, wobei, jetzt kann man eh nichts mehr machen, der nächste Stopp sind und bleiben die Färöer – es wird unser erster Sommer auf den Inseln.

Lesen in der Kabine, Zeit vertrödeln, an Deck dabei zuschauen, wie ein Holzstuhl auf einem Bein balanciert, bevor der Wind ihn umkippt. Im Abendrot: die Minibar inspizieren, durch den Bordshop schlendern, an Deck dabei zuschauen, wie Paare mit ausgebreiteten Armen die Film-szene aus »Titanic« nachspielen. Tags darauf: Frühstück in der Cafeteria, die Shetlands passieren, an Deck dabei zuschauen, wie mein Mann vor mir im Bademantel eine rutschige Metalltreppe hinunterstürzt. Um nicht mit dem Kopf zuerst aufzuschlagen, hält er sich mit beiden Händen am Geländer fest und kommt unten mit seinen Badeschu-hen auf, eine akrobatische Meisterleistung. Die Wunde, die ein Stück Metall in seine Hand gerissen hat, tropft, verhin-dert den anvisierten Aufenthalt im Badebecken auf Deck 7, muss mit acht Stichen genäht werden und sieht scheußlich aus. Dann: die Silhouette von Tórshavn – die Hauptstadt der Färöer –, friedlich und schön. Lichter und Häuser über einen breiten Hang gesprenkelt. Sobald sie näher kom-men, weiß ich, dass wir die richtige Entscheidung getrof-fen haben. Das ist es, was ich für mein Leben möchte.

Es ist spät, wird aber trotzdem nicht richtig dunkel. Über die Straße, die zu unserem Dorf führt, huschen Hasen. Vögel fiepen, gurren und piepen, ihre Rufe werden hinaus aufs spiegelglatte Meer getragen. Die Wunde puckert. Som-mer im Norden.

Auspacken, einrichten. Das Bett muss raus, es ist zu klein, die Angeln kommen neben die Garderobe, das Bild über die Treppe, der Whisky ins Barschränkchen, in des-sen Schublade mein Mann eine Sammlung von Bierde-ckeln aus aller Welt findet. Unsere Haustür geht auf. Sie hat innen und außen eine Klinke, was ich merkwürdig finde, bedeutet es doch, dass, solange die Tür nicht abgeschlossen ist, jeder reinkommen kann. Aber egal. Wer uns besuchen will, wird schon klingeln – wobei: Eine Klingel haben wir nicht, es ist schlicht keine da.

Die Tür geht also auf, und jemand kommt auf Socken die Treppe hoch. Poul Johannes (dünnes Rollkragenshirt unter dem karierten Hemd, Bart, freundliches Gesicht, lang, drahtig) wohnt mit seiner Familie auf der anderen Seite des Dorfes, gleich neben seinen Eltern. Er ist Farmer und Zimmermann, und in Sachen Haus kann er so ziemlich alles: Fenster einsetzen, eine Terrasse aus Beton gießen, den Boden fliesen, Heizungsventile austauschen, Rohre abdichten, für uns Regale bauen.

»Vilt tú hava ein kaffimunn?«, frage ich. Diesen Satz finde ich überaus charmant, bedeutet er doch so viel wie: »Willst du einen Mundvoll Kaffee haben?«

Poul Johannes lacht, er würde dann doch lieber einen Tee nehmen. Während das Wasser im Pfeifkessel auf dem Elektroherd heiß wird, schauen wir drei zusammen aufs Dorf. Dort, sagt Poul Johannes und zeigt auf ein Haus, wohnt der Mann, der eine Idee nach der anderen auf sein Flipchart kritzelt, mit Vorliebe nachts, er entwickelt irgendwelche Projekte. Da drüben, wo die Straße einen Knick macht, lebt der Mann, der sonntags einen Anzug anzieht und die Kirchenglocke läutet. Den zerbeulten blauen Van, der durchs Dorf kurvt, fährt Eivind, auch Farmer, der Mann von Malan; sie leben zwei Häuser neben uns. Und in dem roten Haus mit dem grünen Wellblechdach an der Bucht ist Poul Johannes, der demnächst fünfzig wird, zur Schule gegangen; damals, als es in Elduvík noch eine Schule gab.

Nachdem Poul Johannes seinen Tee getrunken und den Raum ausgemessen hat, bindet er sich seine Schuhe zu. Wenn wir für heute fertig sind, sollen wir rüberkommen, sagt er. Ich frage, wann. Er sagt, wir sollen kommen, wenn wir fertig sind. Dann geht er.

Was ich rieche: tausend Jahre. Stall. Blauschimmelkäse. Wolle. Verwesung. Wir sitzen in der Wohnküche von Poul Johannes und seiner Frau Frida um einen Tisch herum, einige Freunde der beiden und ihre vier Kinder schauen zu. Auf dem Wachstuch vor uns liegt ein kariertes Geschirrtuch, auf dem Geschirrtuch eine Lammkeule, die mit einer dünnen, wachsweiß-braun-bläulich-grauen Gammelschicht überzogen ist. Die Situation erinnert mich an die Pathologie. Poul Johannes nimmt die Keule in die Hand und schneidet mit einem Schweizer Taschenmesser eine Scheibe ab. Dort, wo die Klinge durch das Fleisch gleitet, ist es rot und weich. Etwas Existenzielles liegt in der Luft, es würde mich nicht wundern, wenn der Jahreskalender an der Wand, die Blumentöpfe auf der Fensterbank, die Familienfotos auf der Anrichte, die Sofaecke und Fridas Strickzeug, ihre dicken, kurz geschnittenen braunen Haare und ihre Brille gleich mit einem Schlag verschwinden; im Fernseher gibt's eine Bildstörung, und danach ist in Großaufnahme das Gesicht eines Wikingers zu sehen.

Wer der erste Mensch war, der je einen Fuß und dann einen zweiten auf die Färöer gesetzt hat, weiß man nicht, es ist zu lange her. Ebenso wenig weiß man, ob dieser Mensch die ersten Schafe mitbrachte. Höchstwahrscheinlich war er – oder sie – auch nicht allein unterwegs, als die wilden Inseln am Horizont auftauchten. Vermutlich waren es mehrere kleine Gruppen, die in einer Bucht landeten, Schafe aus ihren Booten hoben und die zappelnden Tiere durch das kalte Wasser an Land trugen. Im 6. und 7. Jahrhundert kamen dann irische Mönche auf die Inseln. Einsiedler, die aber auch Entdecker gewesen sein müssen, sonst wären sie ja wohl zu Hause geblieben. Die Wikinger stiegen im 9. Jahrhundert in ihre Schiffe. Auf der Suche nach neuem Land zogen sie von Norwegen aus gen Westen und landeten auf den Färöern. Die Winter waren lang und hart. Fisch und Fleisch mussten irgendwie haltbar gemacht werden. Überlebenswille. Stolz. Die Fähigkeit, sich die unnachgiebige Natur zu eigen zu machen. Unabhängigkeit. Gleichmut. Einfallsreichtum. Durchhaltevermögen. Süß. Herzhaft. Fleischig. All das ist in der Lammkeule drin, die vor uns auf dem Tisch liegt.

Wir stehen auf. Poul Johannes will uns zeigen, wie und wo die Gammelschicht auf die Keule gekommen ist. Er führt uns in den Hjallur der Familie; ein Holzschuppen, der nicht alle Latten beisammen hat. Dass sie nicht dicht an dicht stehen, ist Absicht. Durch die Lücken muss unbedingt salziger Wind blasen und feuchte Kälte kriechen können, damit das Fleisch reifen, trocknen und fermentieren kann. Auf dem Boden steht ein Klapptritt, von der Decke hängen im Oktober, wenn geschlachtet wird, aufgebrochene Schafe, sagt Poul Johannes. Im Moment ist der Schuppen bis auf den Klapptritt und ein paar Gartenstühle leer. Die Lammkeule, von der wir in der Wohnküche essen, hat neun Monate lang im Hjallur gehangen und heißt Skerpikjøt, scharfes Fleisch. Dazu gibt es Fridas Roggenbrot und Aquavit, Poul Johannes geht mit der Flasche und einem Schafhorn herum und schenkt ein. Ob Frida und er fühlen können, dass sie Wikingergene in sich tragen? Ich beschließe, sie ein anderes Mal zu fragen. Zum einen, weil ich mit Trinken dran bin. Zum anderen, weil draußen ein Kinderspielzeug am Straßenrand parkt; eine schnittige Seifenkiste, über die ein Austernfischer tippelt. Der Nationalvogel der Färöer, Tjaldur, der mit dem orangeroten Schnabel. Fehlt nur noch, dass er sich mit Lederhaube und Rennfahrerbrille hinters Steuer setzt und losfährt. Hätte ich bloß meine Kamera mitgebracht. Wobei das mit der Kamera so eine Sache ist, wie sich mit fortschreitender Zeit herausstellt. Zu fotografieren gibt es ständig etwas; um nichts zu verpassen, müsste ich unentwegt die nötige Technik mit mir herumschleppen, und das will ich nicht. Außerdem ist es auch schon vorgekommen, dass ich meine Kamera dabeihatte und das Bild trotzdem nichts geworden ist. Weil eben nicht alles so einfach einzufangen ist wie ein Austernfischer auf einer Seifenkiste. »Steil« zum Beispiel ist bedeutend schwieriger. Was sich mit Elduvík-Geländegeometrie im Handumdrehen belegen lässt.

Nehmen wir einmal an, man würde aus einer Federmappe, die mit der färöischen Flagge bedruckt ist – eine weiße nordische Kreuzflagge mit einem azurblau geränderten feuerroten Kreuz –, ein Lineal herausziehen und unser Haus und das von Poul Johannes und Frida durch eine Linie miteinander verbinden. Dann kämen zuerst wir, dann die Kirche, dann die kleine Fläche am Wasser, auf der Campingwagen parken dürfen, dann das Haus des Mannes, der die Kirchenglocke läutet, dann Poul Johannes und Frida, und dann wäre Schluss, weil ein Berg kommt, Skoratindur, über 500 Meter hoch. Um den Berg und das angrenzende Gelände windet sich an den Klippen entlang ein Pfad, der in etwa einen Halbkreis beschreibt und über Gras und Stein bis nach Oyndarfjørður führt, das Dorf auf der anderen Seite. Dort wollen wir heute hin.

Ein paar Tage nach unserem Treffen mit Poul Johannes, Frida und der gammeligen Lammkeule schnüren mein Mann und ich unsere Schuhe und laufen los. Jubelviolette

Polsternelken, Weißklee und Butterblumen blühen am Wegesrand, in Spalten und Gräben gluckert und gluckst Wasser, die Konturen unserer Nachbarinsel Kalsoy habe ich scharf in der Linse. Wenn man lange genug hinschaut, wird es figürlich. Dann erkennt man, dass die Nordspitze von Kalsoy in Wirklichkeit ein Bär ist, der auf dem Rücken faul auf der Wasseroberfläche herumliegt und eine platte Nase und einen dicken Bauch in den Himmel reckt. Was ich jedoch nicht aufs Bild bekomme, ist, wie tief es neben mir runtergeht. Ich setze mich hin und halte meine ausgestreckten Beine und Schuhe ins Bild – vergebens. »Am Rande des Abgrundes« kann man von oben nicht anständig fotografieren, genauso wenig wie dieses flaue Gefühl im Magen. Als Kind bin ich im Schlaf aus der oberen Koje eines Doppelstockbettes gefallen, vielleicht habe ich es deshalb nicht so mit Höhe.

Als auf halbem Weg nach Oyndarfjørður das Telefon meines Mannes klingelt und wir schnell zurückmüssen, weil die Waschmaschine geliefert wird, die nicht durch den Türrahmen passt, bekomme ich rote Flecken am Hals. Aber nicht doch, sagt Poul Johannes und klopft den Türrahmen von der Wand. Danach wird in aller Seelenruhe gezirkelt, bis es passt. Sag ich doch, unser Freund kann so ziemlich alles. Nur eines kennt er nicht: Hektik. Und damit ist er nicht allein auf den Inseln. Das Leben auf 62 Grad nördlicher Breite und 7 Grad westlicher Länge ist langsam und entspannt. Schnelles Internet und trotzdem Entschleunigung. Haustüren werden nicht abgeschlossen. Vor dem Supermarkt stecken in den Zündschlössern der geparkten Autos die Schlüssel. Ein Rhythmus, ein Tempo, eine Denkart, in die ich mich erst hineinfinden muss.

Seine Eltern, sagt Poul Johannes, nachdem die Waschmaschine an ihrem Platz steht, laden uns zum Kaffeetrinken ein. Ich frage, wann. Poul Johannes sagt, egal, wann immer wir Zeit haben. Tags darauf packen wir ein kleines Geschenk ein, vier Uhr nachmittags müsste passen. Klinke runter. Im Flur ziehen wir die Schuhe aus und rufen. Keine Antwort. Später wird sich herausstellen, dass Jóhanna und Malvinus sehr wohl zu Hause waren, aber ein spätes Mittagsschläfchen gehalten haben, während wir verlegen in ihrem Wohnzimmer standen.

Oder, zwei Tage später, Tanken. Ranfahren an die Tanksäule, der Kraftstoff fließt, es macht plopp, Deckel zu, Auto abschließen, reingehen und bezahlen, richtig? Nicht auf den Inseln. Da macht es plopp, man schraubt oder klappt den Deckel zu, fährt sein Auto gemächlich zur Seite, und dann geht man zur Kasse. Auf dem Weg dorthin trifft man wahrscheinlich jemanden, mit dem man verwandt ist oder den man kennt und mit dem man Neuigkeiten austauscht, derweil die Kinder überlegen, ob sie ein großes Softeis mit bunten Streuseln nehmen sollen oder einen Hotdog oder doch lieber ein Eis, das in flüssige Schokolade getaucht wird. Schließlich ist Sommer im Norden, da wird sogar abends noch gebadet. Bei Lufttemperatur dreizehn, Wasser acht Grad. Der Mann mit dem Flipchart sitzt im Bademantel vor seinem Haus; im Bach planschen Kinder und schippern mit Booten über das Wasser, zersägte und mit Holz verstärkte Kunststofffässer, die mit langen Leinen am Ufer festgebunden sind. Vor einem Campingwagen mit färöischem Nummernschild sitzen ein Mann und eine Frau und spielen Karten. Die Färinger lieben es, im eigenen Land zu campen, sagt Malan, die Zopf und Schürze trägt und in ihrer Küche Apfelmus, süße Röstbrotkrümel und Sahne in einer Schüssel übereinanderschichtet, Eplakaka, der Kuchen, der keiner ist. Jetzt, in den hellen Nächten, geht Malan gerne spazieren. »Tað er so hugnaligt – das ist so schön, das fühlt sich gut an, das ist gemütlich«, sagt sie und bläst sich ein paar Strähnen aus dem Gesicht. 21:30 Uhr. Der Mann mit dem Flipchart ruft an. Wenn wir Lust haben, können wir rüberkommen, er hat gekocht, in eisernen Töpfen und Pfannen. Auf dem Papierblock mit den drei Beinen sehe ich Pfeile, umkringelte Wörter und Linien, die sich aneinanderfügen; jemand setzt sich ans Klavier; über der Bucht schwebt leiser Jazz.

Wann genau die Unruhe begonnen hat, weiß ich nicht, aber es liegt an diesen nachtlosen Nächten, am ewigen Licht auf den Inseln. Ich habe tatsächlich das Gefühl, kurz vorm Überschnappen zu sein. Eine seltsame Euphorie ist in mir aufgestiegen, die sich Stunde um Stunde zu steigern scheint. Wenn sie eine Gestalt hätte, dann die des Schlagzeugmonsters Tier aus der »Muppet Show« – seit einer gefühlten Ewigkeit habe ich kaum geschlafen. Köpper von der Klippe, die siebzehn Kilometer bis zum Supermarkt am Sund auf einem Bein hüpfen, Drum-Solo wild und laut auf einer Bergspitze – ich bin dabei! Licht für alle, rund um die Uhr! Yeah! Schlafen kann ich wieder, wenn Winter ist. Es könnte aber auch sein, dass ich demnächst einfach umkippe. Mein Körper ist nämlich sehr wohl müde, aber das Signal kommt nicht mehr in meinem Kopf an. Mein Mann kann immer und überall schlafen, doch bei mir: Jalousie, Schlafmaske, T-Shirt über dem Kopf, nichts nützt, ungehindert nimmt der Lichtrausch seinen Lauf.

Anstatt zu schlafen, sitze ich auf dem Sofa und blättere fahrig in einem Buch. Vielleicht sollte ich heiß oder kalt duschen. Oder durchs Dorf spazieren. Lieber nicht, mein Herz fühlt sich so merkwürdig zittrig an. Jetzt hab ich's, das ist es, ich backe eine fünfstöckige Torte, und die Glasur mache ich aus dem Meer. Wahnsinn, was draußen passiert. Ich rufe Frida an: »Frida, siehst du das?« Sie sieht es auch. Eine Rhapsodie aus Feuerwolken und Zuckergussfarben, das Meer ist leicht gerifelt und trägt die Farbe reifer Blaubeeren, der Himmel leuchtet babyblau und ist mit rosafarbenen Tupfern übersät, am Horizont steht ein dicker, blasser, orangefarbener Streifen. 2:44 Uhr. Der Mann mit dem Flipchart streicht sein Haus. Der Bär von Kalsoy liegt auf dem Wasser und schläft. Und endlich schlafe auch ich ein. Ich liege im Wohnzimmer auf dem Sofa und träume, dass ich fliegen kann. Im Gleitflug schwebe ich über unserem Dorf.

Als das Gras lang und saftig steht und die Nächte allmählich wieder dunkler geworden sind, geschieht erneut etwas Merkwürdiges: die Ausweitung in Froschgrün. So ein Amazonas-Regenwald-Ausrufezeichen-Froschgrün. Eines, das definitiv nicht auf die Färöer gehört, dachte ich jedenfalls, ebenso wenig wie eine Python, das Brandenburger Tor oder eine Südfruchtplantage. Aber jetzt ist es hier, überall um mich herum, und ich habe keine Ahnung, wo es wieder aufhört. Meine Harke ist klein, die Wiese groß, vielleicht zehn Fußballfelder, aber wer weiß das schon. Poul Johannes schiebt einen in die Jahre gekommenen Bergmäher vor sich her. Eine Maschine, die aussieht wie eine Kreuzung aus Schubkarrengriff, Rasenmäherkorpus und der

Schnauze eines Ameisenbären, vor der quer ein Balken mit einer Schneidevorrichtung befestigt ist, die sich durch die Wiese frisst. Kopf, Arme, Schultern, alles an Poul Johannes vibriert. Gebückt bewegt er das schwere Gerät den Hang hinauf. Wir laufen in Gummistiefeln hinter ihm her und harken das Gras zu langen Reihen zusammen. Mir ist warm. Meine Jacke habe ich ausgezogen, damit der Wind durch die Ärmel meines T-Shirts fahren kann. Hände, Schultern, Nacken tun weh, aber ich lasse mir nichts anmerken. Nicht weit entfernt stehen Jóhanna und Malvinus mit Rechen und Heugabel. Die Eltern von Poul Johannes gehen auf die achtzig zu. Da kann ich doch nicht zugeben, dass ich schwächele; wie peinlich wäre das denn?

Mähen. Harken. Wenden. Alles geht extrem langsam voran. Nach einer Weile beginnt das Froschgrün zu fluoreszieren. Es muss etwas mit den Lichtverhältnissen zu tun haben. Oder es ist die Anstrengung. Dann wird das Gras, das schon trocken ist, in grobmaschige Netze gestopft und auf einen Anhänger geladen. Poul Johannes fährt die Netze, die viele Kilos schwer sind, zum Heuschober. Mein Mann, das Packgenie, schleift, presst und stapelt. Je voller es wird, desto höher muss er die Pakete über Kopf in den Schober heben. Es passen Unmengen hinein, irgendwann muss doch Schluss sein! Aber es ist auch schön, dieses Heumachen, die Sonne öffnet Blüten, sie wärmt mein Gesicht und trocknet das duftende Gras. Die Kinder tragen Blumenkränze, die sie aus Gänseblümchen, Vergissmeinnicht und Veilchen flechten, in allen Häusern und auf allen Wiesen ist Leben – und man sieht sofort, was man geschafft hat.

Da am übernächsten Morgen Freitag ist und alles Heu im Schober, beschließen mein Mann und ich, zur Haltestelle zu fahren. Ein Kreis aus Asphalt, um den herum eine weiße Linie gezogen ist. Luft bläht die roten und weißen Ringe eines Windsackes am Mast auf. Ein Mann, der eine neonfarbene Arbeitsjacke mit Reflektorstreifen trägt, hakt in einem zimmergroßen Wartehäuschen unsere Namen von einer Liste ab, dann schiebt er eine Sackkarre – aufgestapelte Gummimatten, Planen und Lebensmittelkisten – zum Kreis. Aerodynamische Lautmalerei, Tyrlupallur, Hubschrauberlandeplatz. Tyrrrrrr, die Rotoren drehen sich, Säcke und Kisten werden eingeladen, wir klettern in den Helikopter und setzen Kopfhörer mit Mikrofonen auf. An der Wand befindet sich ein Schild, auf dem »Emergency Exit« zu lesen ist; was auch immer das im Notfall nützt. Von der gepolsterten Decke hängen Kabel. Zehn Sitzplätze zähle ich, vor uns die Piloten.

Antrieb, Luftwiderstand, Auftrieb, Schwerkraft, Sog, Schub und was sonst noch alles eine Rolle spielen mag, der Helikopter vibriert und steigt senkrecht nach oben. Für eine Sekunde steht er wie eine Libelle in der Luft, dann wechselt er mit leicht heruntergezogener Nase in die Vorwärtsbewegung und fliegt eine Kurve. Unter uns werden Schattierungen von Meeresgrau und Inselgrün, versprengte Ansiedlungen, Fjorde und ausgefranste Küstenlinien sichtbar, auf einem Display im Cockpit verfolge ich unsere Route. Wenn das hier »James Bond« wäre, dann wären wir auf dem Weg zum Château eines geistesgestörten Großindustriellen, der in Waffen und Mikrochips macht. Doch das ist nicht »James Bond«, und so fliegen wir nach Skúvoy, zu einer der Außeninseln des Archipels.

Global betrachtet, ist alles »außen« an den Färöern, aber die Außeninseln sind es noch ein bisschen mehr. Noch kleiner, noch weniger besiedelt, Randlage am Rande. Deshalb gibt es den Helikopterservice, der die großen Orte und Inseln mit den kleinen, schwer erreichbaren verbindet. Kein Flug im Dienste Ihrer Majestät zum Casino, sondern Grundversorgung. Die Flüge werden von der Regierung subventioniert, niemand soll benachteiligt sein, nur weil er selbst für färöische Verhältnisse abgelegen wohnt. Transportiert werden Passagiere und Ladungen aller Art. Was nicht in den Helikopter hineinpasst, wird verschnürt und am Haken darunter angehängt: Heuballen, Betonteile, Ölfässer und Schafe, die in Transportringen von besonders unzugänglichen Berghängen geflogen werden. Die Piloten vor uns übernehmen auch Rettungseinsätze, Suchflüge und Krankentransporte, die immer vorgehen. So kann es passieren, dass Passagiere irgendwo vor einem Kreis aus Asphalt am Rande einer Wiese umsonst warten, weil der nächste Hubschrauber nun doch erst in drei Tagen kommt. Trotzdem rege sich niemand auf, hat Poul Johannes gesagt, der nicht nur James-Bond-Fan ist, sondern auch einen Cousin hat, der auf den Färöern als Hubschrauberpilot arbeitet.

Landung auf Skúvoy. Als die Tür aufgeht, sehe ich das Ortsschild, blau, gelb, grün und rot angestrichene Häuser, einen eingezäunten Sportplatz – gerade groß genug, um sinnvoll Bälle in den vorhandenen Basketballkorb zu werfen – und eine Kirche. Kisten werden entladen. Dann steigt der Helikopter auf und fliegt davon, das Tyrrrrrr wird leiser, verstummt, Ruhe breitet sich aus. So richtig überlegt haben wir uns nicht, was wir eigentlich auf Skúvoy machen wollen, Hauptsache, Hubschrauber fliegen. Zeit für eine Wanderung bleibt keine; wenn wir die Fähre verpassen, für die wir uns angemeldet haben, schlafen wir heute Abend irgendwo, nur nicht zu Hause – so ist das mit »abgelegen«. Aber ein bisschen spazieren gehen können wir.

Wenn man sich eine Karte der Färöer nimmt und Skúvoy sucht, schaut man am besten nach Tórshavn – die Hauptstadt dürfte mit einem fett gedruckten Punkt markiert sein –, die große Insel darunter ist Sandoy und eine weiter südlich ist Skúvoy. Zehn Quadratkilometer, vier Berge, exakt ein Dorf, das wie die Insel heißt, 34 Einwohner. Theoretisch jedenfalls, im Augenblick ist niemand zu sehen. Nicht einmal eine Große Raubmöve, auf Färöisch Skúgvur. Die einen sagen, dass die Insel nach dem Vogel benannt wurde. Andere behaupten, dass es genau umgekehrt war.

Zur Zeit der Færeyínga Saga dürfte es auf Skúvoy nur so von Großen Raubmöwen gewimmelt haben. Der Originaltext der Saga entstand vermutlich um 1210 herum; Herrschsucht, Heimtücke, Rache, Mord und Totschlag, nichts fehlt darin. Skúvoy ist einer der Hauptschauplätze, das Zuhause von Sigmundur Brestisson, dem Wikingerhäuptling, der im Auftrag des norwegischen Königs Olav Tryggvason das Christentum auf die Färöer brachte – mit Gewalt natürlich. Sein Widersacher war Tróndur í Gøtu, für viele ein Held, der die Unabhängigkeit der Inseln verteidigte. Obwohl Sigmundur sich durchsetzte, nahm es mit ihm kein gutes Ende. Im Spätherbst 1002 – oder doch erst 1005, es gibt unterschiedliche Jahreszahlen – wurde er von Tróndur überfallen. Er flüchtete und schwamm von Skúvoy nach Suðuroy; kein gekraulter Spaziergang, eher jede Menge Salzwasserschlucken; um das zu wissen, muss man ebenfalls nur auf die Karte schauen. Sigmundur kämpfte sich durch, taumelte in der Nähe des Hofes Sandvík – heute der Name des Dorfes – durch die Morgendämmerung an

Land und versteckte sich unter einem Haufen Tang. Und dann kamen der dortige Bauer und dessen Söhne daher, entdeckten Sigmundur, schlugen ihm mit einem Schlachtbeil den Kopf ab und stahlen seinen goldenen Ring und seine Kleider. Andere Quellen berichten von einem goldenen Armreif, der dem Häuptling nach seiner Ermordung schnöde abgenommen wurde. So oder so keine gute Idee, das war selbst für Wikinger zu viel, der Bauer und seine Söhne wurden bestraft.

Forscher sind sicher, dass Sigmundur und Tróndur gelebt haben und dass sich die Geschichte so oder so ähnlich zugetragen hat. An Sigmundurs Grabstein auf Skúvoy laufe ich bei unserem Spaziergang erst einmal vorbei; ein verwitterter Stein mit einem eingeritzten oder eingemeißelten Kreuz. Ein anderer Stein scheint mir da schon auffälliger zu sein. Er sieht schwer aus, ist mit einer Seilschlaufe umwickelt, liegt im Gras neben einer Holzbank und dient dieser offenbar als Anker. Hier auf Skúvoy muss es zuweilen ziemlich heftig winden. Und wenn das Inferno losbricht, ist dort, wo der Stein liegt, Luv, und da, wo ich gerade auf der Bank sitze, Lee? Was passiert, wenn der Sturm dreht? Und wenn man der Bank schon etwas Gutes tun will: Wären zwei Steine nicht besser als einer?

Immer noch niemand in Sicht, den ich fragen könnte. Das Dorf ist wie ausgestorben. Mein Mann liegt im Gras, hält sich die Hand über die Augen und schaut hinauf in den grauen Frotteehimmel. Ein Hund kommt um eine Ecke und schnüffelt schwanzwedelnd die Dorfstraße entlang. Unten an der Mole tut sich etwas, jetzt ist wahrhaftig ein Mensch zu sehen, der ein Tau in der Hand hält. Dann kommt das kleine Fährboot.

Wir sind die einzigen Passagiere, ich wüsste auch nicht, wo sonst noch jemand Platz hätte. Mein Mann sitzt mir an Deck gegenüber, wir halten uns fest; wenn er oben ist, bin ich unten und umgekehrt, das Schiff rotiert um die Längsachse, es rollt; eine Bewegung, die er weniger zu genießen scheint als ich. Hinter uns steigt Skúvoy hoch und steil aus dem Meer auf. Sigmundur ist damals nach Süden geschwommen. Wir fahren in Richtung Norden. Dorthin wurden auch der Bauer und seine Söhne zwangsverfrachtet, über die man sagt, dass sie vom Thing für ihre Untat verurteilt und gehängt wurden – in Tórshavn.

Die alte Stadt am Meer singt ihr eigentümliches Lied. Mit ihrer Melodie verhält es sich in etwa so wie mit der E-Gitarre, die in einem Koffer auf dem alten Schoner im Hafen von Tórshavn auf ihren Auftritt wartet. Erst der Verstärker gibt ihr den vollen Klang, ihre warme, dunkle, voluminöse Stimme. Auch an Tórshavn ist alles Verstärkersound, die Dinge verstärken sich gegenseitig. Alt und neu, je mehr Stadt man sieht, desto intensiver tönt ihr Sound, und das sind ihre Noten: Bullerbü-Häuser mit krummen Birken, geduckten Vogelbeeren und Kräutergärten. Fußballstadion, Sushi-Restaurant, futuristische Glasbauten. Containerschiffe, Fischkutter, Trawler mit Fabrik im Bauch. Einfamilienhäuser, in denen drei Familien wohnen könnten, in Hanglage mit Blick über die Stadt und das Meer. Werft, Landesbibliothek, kleiner angepflanzter Stadtwald. Fähren, die weiße Domkirche mit dem Schieferdach, der Sitzungssaal des Parlaments im Holzhaus. Grasende Pferde, Leuchtturm, Festungskanonen. Ein Wirrwarr aus schiefen Treppen, engen Gassen und geteerten Häuschen

mit Grasdach. Fußgängerzone, Bank, Telefonladen, Strick-
design. Ein gestreiftes Bettzeug, das aus einem Sprossenfenster hängt. Nachbarn, die sich von Fenster zu Fenster
unterhalten. Kneipe, Plattenladen, Hallenbad. Die Buchhandlung, in der »Harry Potter« auf Färöisch im Regal
steht. Cafés, der Geruch von Kaffee und Meer, Boote, die
auf dem Wasser schaukeln. Alles schwingt und klingt und
singt; es ist der Chor der Dinge, der diese Stadt ausmacht,
lyrisch, gemütvoll, Tórshavn. Thors Hafen, die Färinger
sagen einfach Havn. Häfen gibt es überall auf den Inseln,
aber das hier ist der eine, der besondere. Die gemütliche
Hauptstadt. An diesem Nachmittag im August ist sie – mit
Umgebung – die Heimat von etwas mehr als 19 000 Menschen, erwachsen aus Tinganes, der Landzunge mit den
roten Holzhäusern, früher Thingstätte, Markt- und Han-
delsplatz, heute Sitz der färöischen Landesregierung.

An Bord des Schoners *Norðlýsið*, Nordlicht, der in der
Marina liegt, sind wir mittendrin im Sound von Tórshavn,
dieser Melodie aus Kaffeehausstimmengewirr, Wikingern,
Knechten, Piraten, Pfarrern, Ankerketten, gackerndem
Federvieh, in Sturmnächten flackernden Lampen, Gewürz-
säcken auf Karren, Kühen in Kellern, Kaufleuten und fremden Mächten, die regierten.

Die *Norðlýsið* legt ab. Kapitän Birgir (Sonnenbrille, Bart
und Ringelshirt) hat uns eingeladen zu bleiben, nachdem
wir spontan das Schiff besichtigen durften. Wer es gechar-
tert hat, sagt er nicht. Aber wir sollen, wo wir doch segeln
möchten, am besten einfach gleich mitkommen. Bierflaschen werden geöffnet, die Gitarre in den Verstärker gestöp-
selt, Countryklänge steigen mit Möwen hinauf ins Mittags-
blau. Der Schoner fährt am Leuchtturm von Nólsoy vorbei.

Birgir serviert fangfrische Muscheln und Seeigel, die er auf einem Brett mit einem Küchenmesser zerschneidet. Wir testen die Stacheln und löffeln das Innere, das weich und orangefarben ist. Es schmeckt paradiesisch süß, nussig und nach drei Körnern Meer. Dann werden Rettungswesten verteilt und der Gitarrenkoffer, der Verstärker und wir in zwei Schlauchboote umgeladen, mit denen wir eine himmelhohe Wand ansteuern. Birgirs Öljacke, die die Farbe einer Sonnenblume hat, wird kleiner, der Spalt zwischen der Wasseroberfläche und dem Gestein größer, wir fahren hinein in eine Grotte, docken am anderen Schlauchboot an – Motor aus.

Aus der Dunkelheit schälen sich Umrisse und Licht. Eine Brandungshöhle tut sich auf. Von ihrer Decke regnet Wasser, dicke Tropfen platschen auf das schwappende Meer. Wie tief die Höhle reicht, kann ich nicht erkennen, weiter hinten wird es dunstig – war das der Kopf eines Seehundes? Die Wände der Höhle sind gezackt oder gewellt wie Vorhänge, die vor Urzeiten in ihrer Bewegung erstarrten, an anderen Stellen hat das Wasser sie glatt geleckt. Überall leuchten surreale horizontale Gesteinsschichten, in Lila, Grün, Pink und Gelb. Der Sound des Wassers mischt sich mit dem der verstärkten Gitarre, unsere Dingis tanzen durch das Echo und die Höhle – und dann schnippt John Carter Cash aus Nashville, Tennessee, Sohn von Johnny und June Carter Cash, mit den Fingern und singt den »Folsom Prison Blues« seines Vaters.

Mir ist ja egal, was die Fische denken. Und die Chance, dass sonst jemand vorbeikommt, ist eher gering. Turnschuhe und Socken habe ich ausgezogen, das Kugelgewicht steht neben mir, ich liege auf meiner Sportmatte und mache Katzenbuckel, geschummelte Liegestütze und andere Verrenkungen. Schuhe wieder an und ein letztes Mal vor der Abreise die Hafentreppe rauf- und runterlaufen. Nicht rennen, das ist nicht gut für die Knie.

Malvinus, der Vater von Poul Johannes, hat mir erzählt, dass die Treppe instand gesetzt worden ist, als Königin Margrethe II. von Dänemark einmal in Elduvík erwartet wurde; warum sie erwartet wurde, konnte er mir nicht sagen. Auf jeden Fall bröselt inzwischen wieder der Beton, Stücke sind herausgebrochen. Wenn die Färöer in der Europäischen Union wären, dann wären die Stufen, die steil hinab in unseren alten Hafen führen, vielleicht genormt. Doch die Inseln sind seit 1948 weitgehend autonom; eine in vielen Bereichen selbstverwaltete Nation innerhalb des Königreiches Dänemark, mit eigener Flagge, eigenen Banknoten – und eigener Hochseefischerei. Eine Erfolgsgeschichte, die ihren Anfang nahm, als Mitte des 19. Jahrhunderts der Königlich Dänische Monopolhandel abgeschafft wurde und färöische Kaufleute die ersten Slups und Schmackschiffe ankauften. Mir würde schon ein kleines Boot reichen; ein Ruderboot zum Beispiel entspräche dem lokalen Esprit und wäre zudem am sportlichsten. Mit ihm könnte ich in jenen Teil der Felsspalte von Elduvík hineinrudern, in den man nur über das Wasser gelangt – und der Elefant sähe mir dabei zu.

Zuerst habe ich ihn überhaupt nicht wahrgenommen. Doch als ich jetzt am alten Hafen stehe und den Felsen anschaue, sehe ich ihn überdeutlich: Elefantenkopf, Ohren, Augen, Rüssel, sogar seine dicken Hautfalten. Verrückt. Ich stehe mit verschränkten Armen am Anleger und beäuge den steinernen Elefanten von Elduvík, dann mache ich zwei Schritte zurück und falle über einen rostigen Poller. Das Taumeln in schiefer Lage fühlt sich ungut an. Als ich wieder hochgucke, sieht der Elefant aus, als würde er lachen. Ich beuge mich vor und prüfe, ob im Wasser Fische sind, die schadenfroh glucksen, kann aber keine entdecken. Regen zieht auf und prasselt nieder. Ich fröstle. Zusammenpacken; das Ende unseres ersten Sommers. Ein letzter warmer Schokoladenkuchen wäre gut – Frida hat bestimmt welchen gebacken.

lundi [ˈlœnɟɪ]

Bei Wind und Wetter

Fliegende Äpfel, abgestürzte Bananen und rollende Orangen. Bei einem der nächsten Male, die ich auf die Inseln reise, fällt während der Überfahrt in der Kabine der Obstkorb vom Tisch, Handtücher schwanken am Haken, und ich bin allein. Mein Mann hat ein Projekt in Berlin zu betreuen. »Fahr ruhig«, hat er gesagt. »Wozu haben wir denn das Haus?«

Es ist Ende November, windig und kalt. Über Elduvík badet der Himmel in Melancholie, an einem tiefen Ödland hängen schwarzgraue Wolken. Nachdem ich meine Reisetasche ausgepackt, das Bett bezogen und mich darüber gefreut habe, dass Poul Johannes die Heizungen für mich aufgedreht hat, schalte ich im Wohnzimmer den Router ein, stelle meinen Laptop auf den Tisch am Panoramafenster und befrage das Orakel. Seine Antwort würde ich mit »übermotiviert« oder »labyrinthisch« beschreiben. Ich stelle mir vor, dass die weissagende Priesterin zu lange mit ihrem Kopf über der Erdspalte hing, aus der berauschende Dämpfe aufsteigen, und nun plagt sie dieses unkontrollierte Redebedürfnis, das sich in einer Flut von Zahlen und

Zeichen manifestiert. Dabei war meine Frage eigentlich ganz einfach: Wie wird das Wetter?

Um das herauszufinden, habe ich ein Nachrichtenportal aufgerufen und »Veðrið« angeklickt, so gelangt man zur Vorhersage. Zunächst einmal sind jene Orte zu sehen, die im Sinne der Färöer groß oder wichtig oder beides sind. Tórshavn. Klaksvík als Zentrum des Nordens. Tvøroyri für die Südinsel. Der Flughafen auf Vágar. Runavík im Süden unserer Insel mit dem Fischereihafen. Neben den fünf Hauptwetterberichten befindet sich auf der Website ein Suchfenster, in dem ich 140 Einträge zähle: Dörfer, Fjorde, Sunde, Buchten, Inseln, Berge und Fährhäfen, für alle gibt es einen eigenen Wetterbericht. Und weil das immer noch nicht genug zu sein scheint, schwebt über dem Ganzen eine Leiste mit Links – zu noch mehr Wetterberichten. Temperaturkurven, Gezeitenstromtabellen, Wellendiagramme. Pfeilkarten mit Windstärken in Beaufort und Geschwindigkeiten in Metern pro Sekunde, ein Standortverzeichnis von Wetterstationen, Windböenwarnungen. Regen-Sonne-Wolken-Piktogramme und eines mit einem schlingernden Auto. 48-Stunden- und Zehn-Tages-Vorhersagen. Ein Entfernungsrechner, in den ich »Elduvík« und »Tórshavn« eingebe – 57,11 Kilometer. Webcams, auf denen man Straßen, Häfen, Häuser und Bergpässe sieht; drei Autos; nichts, weil eine Kamera ausgefallen ist; oder ein Hosenbein.

An welcher Stelle auf den Inseln zum ersten Mal jemand stand, der sich mit Quellwasser wusch, abtrocknete und Hemd und Hose anzog, oder einen Wickelrock, dürfte für immer ein Rätsel bleiben. Anderes konnte man erforschen. In Sandur, einem Dorf auf der Insel Sandoy, stießen Archäologen beim Durchsieben des Erdreiches auf Torfascheflecken, in denen sie verkohlte Gerstenkörner fanden. Körner, die belegen, dass da im 4. Jahrhundert jemand gelebt haben muss. Und nun darf man dreimal raten, was für ihn oder sie, beide zusammen oder die Gruppe, die sich unweit eines weißen Strandes mit Dünen niederließ, immens wichtig gewesen sein dürfte: Wetter! Ein unablässiges Zusammenspiel von Einfallswinkeln und Sonnenstrahlen, aufsteigenden und absinkenden Luftmassen, schäumenden Meeren und ihren Salzkonzentrationen, surrenden Windbändern, aneinanderkrachenden Luftzellen und den Kräften, die entstehen, weil sich unser schöner Planet dreht.

Der Golfstrom, an dessen submariner Verlängerung Nordatlantikstrom die Färöer liegen, ist Teil eines gigantischen Wasserförderbandes, das vier unserer fünf Ozeane miteinander verbindet. Er wärmt die Inseln und sorgt dafür, dass das Wasser eisfrei bleibt und die färöischen Schafe sich im Winter keine Iglus bauen müssen, in denen sie sich gegenseitig heißen Tee servieren. Wie auch immer das Wetter gerade irgendwo auf den Inseln ist: Einen Ort weiter sieht es womöglich ganz anders aus. Bei uns im Dorf Graupelschauer, hinterm Tunnel ein Postkartenregenbogen, im Süden Schnee auf allen Bergen und überm Fjord Sonnenschein.

Man kann über das Wetter der Färöer viel sagen, man kann es launisch nennen, zickig oder flexibel, nur eines ist es nicht und niemals: beständig. Kein Wunder, dass die Färinger ständig kanska, vielleicht, sagen. Wie Frida, die mir Färöisch beibringt, die Sprache, die vom Altwestnordischen abstammt – den passenden Dialekt des Nordens, da sagt man für »nein« nicht »nei«, sondern es klingt wie »noy«. Sie sei morgen ein paar Dörfer weiter zu einer Feier eingeladen, erzählt sie. Ich frage, ob sie hingehe. »Kanska«, sagt Frida. »Kommt darauf an, wie das Wetter wird.« Merke: Einen Plan für den Tag zu haben ist gut und schön, man sollte sich nur nicht darauf verlassen. Denn das letzte Wort hat immer das Wetter.

Das für Elduvík soll werden, wie ich es mir schon gedacht habe: Es braut sich etwas zusammen.

Sport fällt aus. Das große Rauschen ist überall, es durchdringt Wände und geschlossene Fenster, ich stehe in unserer Küche und kann es im ganzen Körper spüren. Vom Wohnzimmer aus schaue ich auf die Bucht und weiß, dass ich rausmuss, schnell. Als ich die Tür aufmache, wird das Rauschen zu einem donnernden Grollen. Über dem Dorf breitet sich, vom Meer kommend, eine brachiale Energie aus, es ist wie eine Aneinanderreihung unsichtbarer Detonationen. Ich laufe gebückt durch Luftdruck, Schallwellen und den Aufruhr der Elemente, das Dröhnen geht durch mich hindurch, es klingt nach Genie und Wahnsinn, oder wie eine Warnung. Runter zum alten Hafen. Am unteren Teil der Treppe, der einst als Rampe für Boote und einen Kran diente, wird es dramatisch. Strandgrasnelken ducken sich, das Seilende des Rettungsringes schlingert im Wind. Stufe um Stufe rückt das tobende Meer näher. Da, wo ich sonst liege und auf meiner Sportmatte Katzenbuckel mache, ist Wasser. Alles ist nass.

Ich passe den richtigen Zeitpunkt ab, laufe, klettere und setze mich in den erhöht gelegenen steinernen Ausguck, für den es im Dorf einen Spitznamen gibt, der mit unsittli-

chen und verbotenen Küssen zu tun hat. Das Meer, frene-
tisch-türkisfarben, schwillt in langen Bögen an und schaukelt sich auf, vor, zurück, hin und her, beinahe hypnotisch
das Ganze. Jetzt türmt es sich zu einem Berg auf und rollt
auf meinen Ausguck zu. Das Wasser macht sich lang und
versucht, mich mit gespreizten Tatzen zu packen, aber so
hoch kommt es nicht, noch im Sprung verliert es an Kraft,
und nachher bin ich bloß nass. Außerdem habe ich mich
natürlich festgehalten. Wer möchte schon vom Nordatlantik verschluckt und anschließend zusammen mit einem
Schwall Gischt gegen die Felsen geschleudert werden? Ich
jedenfalls nicht.

Das große Rauschen und Grollen hält den ganzen Tag
an, ich betrachte es aus allen erdenklichen Winkeln und
von allen möglichen Seiten. Am spektakulärsten ist tatsächlich der Blick von der Terrasse, die Poul Johannes für
uns gebaut hat. Wetter ist immer eine Frage der Perspek-
tive. Es gibt Menschen, die sich darüber beklagen, dass
das Wetter schlecht sei, nur weil der Himmel sich von
drei oder dreitausend Tropfen Niederschlag verabschiedet. Ich mag Regen. Und Wind. Vor allem aber Wellen. Ab
einem bestimmten Moment wird eine Welle instabil. Sie
kippt vornüber, donnert auf die Wasseroberfläche, spuckt
Schaum und reißt Milliarden von Luftbläschen mit, die
durch Druck verformt werden und zu schwingen beginnen.
Schallwellen sausen durch das Wasser und die Luft, und
wenn das Meer so drauf ist wie heute, rauscht und grollt es
gewaltig. In eine flatternde Decke gehüllt, stehe ich auf der
Terrasse und beobachte, wie Welle um Welle in die Bucht
rollt, vom Meeresboden gebremst wird, sich aufbäumt und
bricht. Zwischendrin immer wieder nach einem unsicht-

baren Metrum drei oder vier Riesenwellen. Eine Choreografie, der ich stundenlang zuschauen könnte, wobei es nach einer Weile kalt um die Nase wird. Das Verrückteste ist, dass es von hier oben so aussieht, als ob die Wellen über den Dächern und Schornsteinen da unten zusammenschlagen würden – eine optische Übertreibung, eine glatte Täuschung.

Anja allein zu Haus. Nach dem großen Rauschen hat sich nun eine große Stille über Elduvík gelegt. Dunkelheit sinkt herab. Ich zünde die Kerzen und Teelichter an, die auf dem Fensterbrett stehen. Im Kaminofen knistert und brennt das Feuer. Vor mir auf dem Esstisch liegen kunstvolle DIN-A4-Themenkarten, auf denen die Vögel, Pflanzen und Fische der Färöer abgebildet sind. Papageitaucher, Basstölpel, Trottellumme. Kuckuckslichtnelke, Gefleckte Gauklerblume, Salzmiere. Heringshai, Heilbutt, Dorsch. Auf den Inseln findet man diese Karten in vielen Häusern, sie werden betrachtet und herumgereicht, wenn man, wie so oft, über die Natur spricht.

Neben der Flora und Fauna habe ich Geld aufgefächert: färöische Kronen, die genauso wie dänische im Umlauf sind. Zahlen kann man mit beiden oder mit Karte, das funktioniert nahezu überall, selbst wenn man im Supermarkt eine einzige Rübe aufs Band legt. Färöische Kronen gibt es nur in Scheinen. Für mich das schönste Geld der Welt. Fünf mit Tiermotiven und Landschaften gestaltete Banknoten, 50 bis 1000. Das gedrehte Horn eines Widders. Aquarelle mit Häusern, Steilklippen und Schafen. Eine flatterhafte Geistermotte. Eine Strandkrabbe, die ihre Scheren präsentiert. Der Schwanz eines Dorsches am Ende eines stillen Tages.

Stunden, die kamen und gingen. Auch mal schön, so gar nicht zu reden. Lesen im Sessel. Die Jakobsmuscheln von Birgir mit den Kartoffeln in den Ofen schieben. Geschirr abtrocknen. Die färöische Flagge, die bei uns auf dem Sideboard steht, an ihrer zwei Zahnstocher hohen Fahnenstange hin- und herschwenken. So eine Miniaturflagge habe ich bisher in jedem Haus, in dem ich war, gesehen, oft flankierte sie Bilderrahmen – oder die großformatige Version hing an einem Fahnenmast im Garten. Merkið heißt die Flagge, die färöische Studenten in Kopenhagen entwarfen. 1919 wurde sie im Dorf Fámjin auf Suðuroy zum allerersten Mal auf den Inseln gehisst. Auf das Wehen des Originals, das heute in der dortigen Kirche hängt, folgte ein jahrzehntelanges Hin und Her zwischen Merkið und Dannebrog, der dänischen Flagge. Das ging so lange, bis Merkið, das Banner, das Zeichen, 1948 die von allen anerkannte offizielle Flagge der Färöer wurde, zu Wasser und zu Lande. Das Weiß erinnert – den Schöpfern der Flagge zufolge – an den Schaum des Meeres und einen reinen, strahlenden Himmel, während die alten färöischen Farben Blau und Rot für die Verbundenheit mit anderen nordischen Ländern stehen. Das Blau, das das rote Kreuz auf weißem Grund umrandet, war ursprünglich etwas dunkler. Später wurde festgeschrieben, dass es ein Azurblau zu sein habe, schön und frisch wie die Inseln. Wenn das Wetter stimmt. Und wenn man etwas sieht.

Im Moment sehe ich Kerzenschein, der sich in der Scheibe spiegelt. Dahinter ist es spät, kalt und bis auf eine Straßenlaterne an der Dorfstraße dunkel. Zeit, ins Bett zu gehen.

Als ich aufwache, weiß ich, dass etwas nicht stimmt. Es fühlt sich an, als ob noch jemand da wäre in der Dunkelheit. Ich versuche, mich nicht zu bewegen, was mir nicht schwerfällt, weil ich ohnehin stocksteif im Bett liege. Bleierne Stille. Ich halte den Atem an und lausche. Da ist es wieder. Ein schabendes, schnüffelndes Geräusch. Ich setze mich auf. Irgendetwas muss ich tun, ich kann nicht einfach nur daliegen, ich muss etwas unternehmen, wie sonst könnte ich mich, falls notwendig, verteidigen – bloß gegen was? Mit einer Taschenlampe bewaffnet, stehe ich an der Schlafzimmertür und linse um die Ecke: nichts. Ich beschließe, den Flur und die Haustür zu inspizieren. Nichts. Nach oben schleichen, in Gedanken die knarrenden Treppenstufen erdolchen, sich umschauen, wieder runter in den Flur. Brüllende Stille. Da, wieder ein Schaben, Kratzen und Schnüffeln, es kommt aus der Wand. Langsam, sehr langsam hebe ich den Kopf, sehe mich selbst in der Fensterscheibe – und blicke in drei Paar funkelnde Augen. Schafe, die, dicht an unsere Hauswand gedrängt, einen nächtlichen Snack zu sich nehmen.

Und wer ist schuld daran? Das Wetter. Zusammen mit dem Winter fegt es über die Färöer und wütet dermaßen, dass die Menschen von Elduvík, bevor das Inferno losbricht, mit ihren Hunden hinauf in die Berge steigen und ihre Schafe runter ins Dorf treiben; so, wie es überall auf den Inseln geschieht. Färöische Schafe sind klein und leicht, überraschend stark und hart im Nehmen. Aber wenn die Stürme kommen und der Wind mit eisigen Fingern Pässe, Wegzeiger-Steinmännchen, Flechten, Pfade und Grate umklammert, sind sie unten im Dorf wirklich besser aufgehoben.

Als ich meinem Mann beim Facetimen von meinem nächtlichen Erlebnis berichte, lacht er und fragt, ob die Schafe noch leben würden, er habe Sorge, dass ich sie zu Tode erschreckt hätte. Ich grinse und frage ihn, wie es in Berlin gehe. »Wie immer«, sagt er. »Stau auf der Stadtautobahn, Ameisenmenschenhaufen und Schmuddelgrau.« Dann legen wir auf.

Eine Woche nach unserem Videotelefonat steige ich in ein Gemälde. Ich komme von der Seite, sozusagen durch den Hintereingang. Niemand sieht mich, weil alle, die vor dem Gemälde stehen, darauf warten, dass über die Berge ein Drache gesegelt kommt, sich die Flügel unter dem Wasserfall kühlt und auf der Wiese neben der Kirche landet. Ich bin in Saksun auf der Insel Streymoy.

Hinter dem Dorf Hvalvík beginnt eine etwa zehn Kilometer lange, einspurige Straße. Auf und ab und in sanften Kurven führt sie durch ein Tal, an einem See vorbei, über eine Brücke und einen Hügel hinauf, und dann steht man vor dem Gemälde. Ich bin vorher abgebogen und laufe weiter hinten ins Bild, neben dem Pollurin, der Lagune. Als Punkt mit Mütze, der sich am Fuße eines Berges über einen Sandstreifen bewegt und mit einem Schauer um die Ecke verschwindet – wobei die Betonung auf Mütze liegt. Kapuze geht auch, schränkt meiner Erfahrung nach aber unangenehm das Sichtfeld ein. Wer jetzt damit kommt, dass er einen Regenschirm in seinen Koffer gepackt hat, der gehört bei der Einreise für immer und ewig des Landes verwiesen. Weil es auf den Färöern, einem Archipel, auf dem es mit hübscher Regelmäßigkeit von oben, von unten und von der Seite regnet, nichts Sinnloseres gibt als einen Regenschirm. Es sei denn, man möchte »Fliegender Robert« spielen. Dann würde ich aber etwas Größeres empfehlen. Ein Zelt oder einen Sonnenschirm.

Unter meinen Gummistiefeln schmatzt es. Einige Meter spaziere ich durch flaches Wasser, dann kommt wieder breiter, braungrauer Sand. Auf ihm ein geflochtenes Tau, an dem das Meer genagt hat; ein Stück poliertes Treibholz; ein angeschwemmter Baumstamm; mit grünen und braunen Algen bewachsene Steine. Das hier muss früher ein Fjord oder eine schmale, lange Bucht gewesen sein. Naturgewalten haben den Zugang zum Meer, den ich anpeile, mit Sand zugeschüttet, aber das hat sich das Meer selbstverständlich nicht gefallen lassen. Klein beizugeben ist seine Sache nicht. Lieber hat es sich das Terrain ein Stück weit zurückerobert, und nun kommt und geht es, rein und raus, in einem Reich, in dem die Gezeiten regieren. Muschelschalen knirschen, der Wind malt geschuppte und gewellte Muster in den Sand. Seevögel halten Ausschau nach verloren gegangenen Federn; ich verliere das Gefühl für die Zeit.

Zurück folge ich meinen Spuren, umweht von einem Hauch Romantik, der aber schnell verfliegt. Inzwischen regnet es nicht mehr, es schüttet. Vielleicht sollte ich doch meine Kapuze aufsetzen, einfach über die Mütze, die ist mittlerweile klatschnass. Aber das Wasser, das mich am allermeisten interessiert, kommt von unten. Unbemerkt hat es sich durch eine immer breiter werdende Rinne an mir vorbeigemogelt. Wo ich vorhin noch gelaufen bin, ist jetzt überall Wasser. Es ist auch nicht mehr flach, sondern an einigen Stellen so tief, dass es mir bis über die Knie reicht und in meine Gummistiefel läuft – dazu sage ich mal: nasskalt erwischt.

Mínir gummistivlar eru so dýggjvátir, meine Gummistiefel sind patschnass – Frida und ich sitzen in ihrer
Wohnküche und lernen Färöisch. Dass ich das überhaupt
kann, verdanke ich dem Theologen Venceslaus Ulricus
Hammershaimb. Mit der Reformationszeit war Dänisch
die Kirchen-, Amts- und Schriftsprache geworden, die All-
tagssprache aber blieb Färöisch. Überlebt hat die Sprache
in Sagen, Märchen, Balladen, Rätseln, Sprichwörtern und
Spottliedern, die niedergeschrieben wurden, als Gelehrte
begannen, das Färöische zu erforschen und Schriftnormen
zu entwickeln. Hammershaimbs Orthografie von 1846 gilt
im Wesentlichen bis heute. Für Regenschirm gibt es auch
ein Wort, irgendwie muss man so ein Ding ja beschreiben
können, falls es auftaucht, Regnskjól. Ich frage Frida, ob
sie meine Einschätzung, dass Regenschirme auf den Inseln
nichts zu suchen haben, teile. Sie bejaht, lacht, legt den
Bleistift aus der Hand und erzählt mir die Geschichte vom
pinkfarbenen Regenschirm, den sie einmal hatte, dreißig
Jahre ist das her. Wie genau er zu ihr gekommen ist, weiß
sie nicht mehr, sie tippt auf einen Urlaub in Dänemark. Auf
jeden Fall stand der Regenschirm lange in einer Ecke ihres
Schlafzimmers an die Wand gelehnt, weil er so schön pink
war; benutzt hat Frida ihn aber nie, irgendwann wurde er
weggeworfen.

Fünf Monate später: Der Besuch aus Deutschland ist da, er
kauft sich eine färöische Strickjacke, dann möchte er nach
Lundaland. Das steht auf keiner Karte und ist kein Land,
sondern bedeutet Papageitaucherkolonie mit Meerblick,
und um die zu sehen, fährt man nach Mykines. Nicht, dass
es andernorts keine Papageitaucher auf den Inseln geben

würde, aber die auf Mykines sind die berühmtesten. Das hat einerseits mit ihrer schieren Anzahl zu tun, andererseits mit Mykines selbst.

In Sørvágur auf der Flughafeninsel legt die kleine Fähre ab, Gischt spritzt auf Kameralinsen, der Fjord mündet ins Meer, und danach hängt vom Wetter ab, ob das Boot näher heranfährt oder nicht. Doch woran eigentlich? Einen hohen Felsen, einen Kliffpfeiler, eine steinerne Säule, die vor der Küste frei im Meer steht und keine allzu ausgeprägte Spitze aufweist, nennt man Stakkur; auf einem großen kann man, wenn man sich traut, stehen oder Schafe weiden lassen. Während der Fahrt nach Mykines passiert das Boot Drangarnir, Felsen, die ausschauen, als ob ein Ufo sie über dem Meer abgeworfen hätte, geformt hat sie aber die Brandung, und zwar so, dass sie oben spitz zulaufen: an dieser Stelle ein Kliffpfeiler und ein Felsentor.

An manchen Tagen fährt das Boot dicht an die Drangarnir heran – was vorher klein war, wird riesengroß. An anderen lässt die Fähre sie links liegen. Das hat immer mit Wetter, mit Windrichtungen und Strömungen zu tun, das Boot soll heil im Hafen von Mykines ankommen. Bevor es aber so weit ist, muss die Fähre noch am Tindhólmur vorbei – ein Holm ist ein Eiland, das den Färingern nicht groß genug ist, um als Insel durchzugehen, dieses sieht aus wie ein Stück extraterrestrische Toblerone. Dahinter kommt ein bisschen offenes Meer, nicht selten schaukelt es hier draußen gewaltig, besser, man hält sich an der Reling fest – das ist kein Zeichen von Schwäche, sondern von Verstand. Mykines rückt näher, wieder fotografieren alle, das Grün, die steilen Wände, die uralten Schichten aus Basalt. Das Boot hält auf den Naturhafen zu, eine Sonnenbrille fliegt über Bord, und wenn alles glattgeht, legt die Fähre an. Wenn nicht, dann dreht sie vor dem Hafen um, oder die Fahrt ist in letzter Minute abgesagt worden, oder man kommt hin, aber nicht mehr zurück. Dann sitzt man auf der Insel fest, weil auch kein Hubschrauber geht und man nicht fliegen kann wie ein Papageitaucher. Oder ein Basstölpel, eine Dreizehenmöwe oder ein Eissturmvogel.

Über sie alle wacht der Leuchtturm von Mykines, zu ihm will man unbedingt hin. Der Pfad schlängelt sich über einen grünen Hügelkamm, führt auf ausgetretenen Stufen abrupt bergab, windet sich an einer Klippe entlang und quert einen zwei Meter breiten und 42 Meter langen, mit luftigen Stahlstreben ummantelten Fußgängersteg, auf dem man steht und aus dreißig Meter Höhe auf den Nordatlantik schaut. Da, wo die Brücke endet, beginnt der Mykineshólmur, von hier aus sendet der Leuchtturm in dunklen Nächten seine Signale. Ein paar Schritte noch, dann ist Schluss, weiter westlich kommt man nicht auf den Färöern. Die vorgelagerten Felsen sind besetzt, auf ihnen wohnen die Basstölpel, weit hallen ihre rauen Rufe über das Meer.

Auf halbem Weg zum Leuchtturm liegt Lundaland, zerlöchert wie ein Schweizer Käse. Generationen von Papageitauchern haben Tausende Nisthöhlen in Grashänge gegraben, die Luft ist voll mit orangefarbenen Füßen und Schnäbeln und flappendem Flattern. Papageitaucher sind mehr als possierlich, sie können über sechzig Meter tief tauchen und erreichen Fluggeschwindigkeiten von bis zu neunzig Kilometern pro Stunde. Auf Mykines kann man sie und ihre tollkühnen Flugmanöver aus nächster Nähe erleben: Synchronschwung, Punktlandung, Rakete. Ihre Laute klingen wie knarrende Türen. Genau diese berühmten Papageitaucher will man hören, in ihren Erdhöhlen verschwinden, schnäbeln sehen, auch der Besuch aus Deutschland. So wie er sich das vorstellt, wird das aber nichts.

Die Fähre legt zwar wie geplant in Sørvágur ab, doch schon folgen bei kollektivem Frösteln die ersten langen Gesichter. Kameraobjektive und Selfiesticks, die zurück in Taschen und Rucksäcke gesteckt werden. Der Fjord mündet ins Meer, aber kein Kliffpfeiler, kein Felsentor, keine extraterrestrische Toblerone, dafür Nebel, eine dicke Suppe. Blass flattert die Fahne im Wind. Der Besuch aus Deutschland zieht den Reißverschluss seiner Jacke hoch und schweigt. Verschwommene Konturen tauchen auf, die Fähre legt an. Die, die von der Insel runterwollen, sammeln am Fuße eines steilen Lastenaufzuges Kisten und Gepäck ein. Wir steigen eine Treppe hoch. Als ich mich umdrehe, bevor wir weiter in Richtung Dorf laufen, ist die Fähre verschwunden, und an ihrer statt sehe ich ein Geisterschiff.

Bei den Häusern klart es etwas auf. Ich beschließe, dass wir auch noch bis zum Hügelkamm gehen können. Neben uns laufen Menschen, die auf Mykines wohnen, sie wissen, was sie tun. Der Besuch aus Deutschland, der Angst hat, einen Schritt in die falsche Richtung zu machen und über eine Klippe hinab ins Meer zu stürzen, steht auf dem Hügelkamm und bewegt sich keinen Meter vor oder zurück. Ich fotografiere Papageitaucher im aufsteigenden Nebel. Unwirkliche Tautropfen glitzern an fahlgrünen Halmen, Schnäbel und Füße aus Restorange verschwinden im milchigen Nichts. Dann gehen wir alle gemeinsam zurück ins Dorf. Gummistiefel hatte ich gesagt, nicht Lackleder-Stiefeletten, und noch davor gewarnt, sie anzuziehen. Besser wäre es gewesen, nach Runavík zu fahren und Gummistiefel zu kaufen, weil bei uns im Haus keine waren, die gepasst hätten, das aber wurde abgelehnt. Der Besuch aus Deutschland hangelt sich an einem Zaun entlang, rutscht und landet auf dem Hosenboden. Den Rest seines letzten Urlaubstages verbringt er mit einem Buch im Café, ein Krimi; dabei ist es draußen doch so viel spannender.

Dicker Nebel, einer, wie ich ihn noch nie gesehen habe, kriecht durch Mykines und verschluckt alles, was ihm in die Quere kommt, Quads, Schubkarren, Wäscheklammern, Geräusche und Farben. In einer Gasse bleibe ich vor einem Grasdach, auf dem wächserne Blumen sprießen, stehen und betrachte Arrangements hinter kleinen Fenstern. Setzkasten-Gießkannen. Wundersame Pilze und Tannenbäume aus Glas. Muscheln. Figürchen, Porzellandöschen und Schiffe. Als ich aufschaue, steht am Ende der Gasse eine bleiche Gestalt. Ein untoter Seemann. Ein Geist in einem Land, in dem es 37 Wörter für Nebel gibt. Sommernebel. Bergnebel. Gefrierender Nebel. Ein Streifen aus Nebel oder Dunst, über und unter dem es klar ist. Eine lange, dünne Nebelbank. Eine Nebelbank am Horizont. Tief liegender Nebel mit gutem Wetter darüber. Nebel auf einer Bergspitze. Dicker, nasser Bergnebel und so weiter. Warum aber gibt es zwei Wörter für nassen Nebel und zwei für sehr dicken? Was unterscheidet Schneenebel von Schnee mit Dunst? Wenn ich bei uns zu Hause im Flur stehe und bis zur Kirche von Elduvík schauen kann, aber nicht weiter, was ist das dann? Feuchtkalter Nieselnebel oder Nebeldunst bei kaltem Wetter? Und wer blickt da noch durch? Nebulös wie die Kunst, sich mit einem Färinger zu verabreden.

Das habe ich inzwischen aber zumindest ungefähr verstanden, es geht so: Alles, was verabredet ist, aber weder konkretes Datum noch Uhrzeit hat, findet statt, es steht nur noch nicht fest, wann. Wetterabhängige Tätigkeiten, die erledigt werden müssen, wie Heu machen, Schafe treiben, Zaun bauen oder Haus streichen, haben prinzipiell Vorrang. Ein Färinger, der Wochen im Voraus plant, hat entweder lange im Ausland gelebt oder organisiert eine Familienfeier. Feste Verabredungen trifft man mit seinem Doktor, Friseur oder Gesangslehrer, Freunde ruft man an und sagt: »Was hältst du davon, wenn wir uns nächste Woche sehen?« – »Das ist eine gute Idee«, antwortet der andere, und dann wird das Thema gewechselt, wann genau man sich trifft, bleibt offen, es wird sich ergeben. Das hat nichts mit Unzuverlässigkeit zu tun, vielmehr mit Flexibilität. Weil man sich niemals nur mit einer Person verabredet, sondern auch immer mit dem Wetter. Wie's werden soll, sagt der Wetterbericht, am besten, man liest alles, was einem unter die Finger kommt. Temperaturen können wichtig sein, wenn man eine Bergstraße fahren möchte, auf der es keinen Winterdienst gibt. Viel wichtiger sind aber die Pfeile – der Wind.

Poul Johannes, der vorbeischaut, zeigt mir eine App, die ich mir auf mein Smartphone herunterlade. Eine bunte Welt, über die rhythmisierte Striche fließen, die in Bahnen Ozeane und Länder überqueren oder sich in Spiralen drehen. Elduvík gebe ich als Favoriten ein, ein pulsierendes Herz nördlich von Tórshavn. Den Kartenausschnitt vergrößere ich mit Daumen und Zeigefinger, um zu sehen, aus welcher Richtung der Wind kommt, der auf unser Dorf trifft, mit welcher Geschwindigkeit und welche Stärke seine Böen haben, ob er tückisch aufgelegt ist, ruppig oder aus Versehen sanft.

Am nächsten Morgen rauscht der Wind in den Bäumen, der Waldboden schluckt meine Schritte. Die Viðarlundin í Kunoy ist ein winziges Wäldchen. Die ersten Bäume wurden Anfang des 20. Jahrhunderts auf der Insel Kunoy unweit des gleichnamigen Dorfes angepflanzt. Ein Kuriosum, von einer Seite zur anderen läuft man in wenigen Minuten, trotzdem fühlt man sich wie tief im Walde. Hinter dem Zaun, der das Ensemble vor gefräßigen Schafen schützen soll – ab und zu schummelt sich dennoch eins ins Wäldchen rein –, steigt das Terrain an und türmt sich zu einer gebogenen Felswand auf. Neben mir plätschert ein Bach. Am Fuße eines Felsens, den eiszeitliche Gletscher bis hierher getragen haben und an dem ein Kletterseil hängt, setze ich mich auf eine Bank und denke, wie schön sie ist, diese Nähe zur Natur. Lichtstrahlen fallen durch Baumkronen; im Schatten von Fichten, Eschen und Birken verstecken sich Pilze und Moose. Einer unserer Nachbarn im Dorf hätte auch gerne Bäume. Sie wachsen aber nicht, seit Jahren. Zu viel Wind.

Diese Autotür ist zu; ich hatte noch versucht, sie festzuhalten, aber der Wind vor der Bäckerei in Runavík war stärker als ich. Die Pappschachtel mit den Zimtschnecken und Marzipantörtchen steht sicher neben mir auf dem Beifahrersitz. Immerhin. Leider ist meine Jacke, in der das Brillenetui steckte, beim Einsteigen in die Tür geraten. Nun ist das Etui komplett verbogen, es hat aber, wie ich staunend feststelle, meine Lesebrille gerettet. Abends vermisse ich zu Hause meinen Schal. Mit einer Taschenlampe gehe ich raus und durchsuche das Auto, das ich mit angezogener Handbremse auf der schrägen Auffahrt geparkt habe.

Dabei leuchte ich weiter unten zufällig einen Drahtzaun an, gegen den der Wind meinen Schal drückt. Gefunden. Er hat nicht einmal ein Loch.

Wind wird auf den Färöern in Metern pro Sekunde angegeben. Von Frida habe ich gelernt, dass man nicht mehr Auto fährt, wenn die Böen 25 bis 26 Meter pro Sekunde erreichen. Dann holt der Wind aus und verpasst dem Auto, in dem man – aus Gründen der Unvernunft, gepflegter Selbstüberschätzung oder schlicht Unwissenheit – sitzt, eine krachende Ohrfeige nach der anderen. Kein gutes Gefühl. Auch für den Nachmittag des nächsten Tages gibt es eine Windböenwarnung. Meine Verabredung mit Frida fällt aus, nach dem Großeinkauf im Supermarkt fahre ich direkt nach Hause.

An der Straße, die zu unserem Dorf führt, halte ich aber noch kurz beim Nes an – Land, das wie eine Nase ins Wasser hineinragt –, vor dem grünen Mülleimer, dessen Deckel mit einem Gummispanngurt, Bügelverschlüssen und Haken gesichert ist. Diesmal halte ich die Autotür mit beiden Händen fest. Am steinernen Picknicktisch vorbei laufe ich schwankend um die Kurve. Der Fjord, auf den ich hinunterschaue, hat eine Gänsehaut, neben der Straße fließen Wasserfälle nach oben, der Wind formt lange Wasserfahnen, die wie Flammen tanzen, er weht sie über die Leitplanke und mir ins Gesicht.

Für Elduvík ist Wind aus Südwest meistens der schlimmste. Er rennt gegen Berge an, rast durchs Tal und trifft dann auf unser Dorf. So ist es auch gewesen, als der Wind unseren Teakholztisch hat fliegen lassen. Als wir am nächsten Tag eingesammelt haben, was von ihm übrig war, haben wir uns gewundert, wo die Teile überall herumlagen, dabei hatten wir den Tisch noch umgedreht und seine Platte mit großen Steinen beschwert. Auch deshalb geht man bei Böen in Orkanstärke nicht raus, man weiß nie, was alles durch die Luft fliegt. Spätestens, wenn man beschließt, die obere Etage des Hauses zu verlassen, sich unten ins Bett zu legen und zu warten, bis es vorüber ist, hat man verstanden, dass Wind, der Dächer wegblasen und Busse umkippen kann, kein Spaß mehr ist. Wobei sich so ein Sturm manchmal richtig Mühe gibt, sein Publikum durch mehr als schiere Kraft zu beeindrucken, und ein dramatisches Schauspiel aus Eleganz, Leichtigkeit und Schönheit entfesselt: Böen wehen aus dem Fjord in unsere Bucht und drehen sich wie Turniertänzer auf dem Wasser, alles Walzer.

Das Verrückteste, was ich in Sachen Wind je gesehen habe, waren jedoch schätzungsweise drei Meter hohe, um sich selbst rotierende Luftsäulen – Minitornados, Windhosen? –, die vor unserem Wohnzimmerfenster den Hang hinabschwebten, über Schotter glitten, auf Dächer kletterten und dann verschwanden, fort, weg, nicht mehr auffindbar. Vom Winde verweht wird vieles auf den Färöern: Schals, Wasserfälle, Autotüren, Briefpapier, Milchschaum, Eierschalen, Schneeflocken, Socken, Bleistifte, Joghurtbecher, Nebelbänke, Holzstühle, Eiszapfen, Farbeimer, Frisuren, Verabredungen, Regenbogen, schwarzgraue Wolken – und die Angewohnheit, sich einen Plan für den Tag zu machen.

gummibátur [ˈgʊmːɪˌb̥ɔaːʰd̥ʊr]

Wieder Entdeckerin

Amundsen, Franklin, Humboldt, Nansen, Scott. Im Lesezimmer am Meer hocke ich neben dem zerknautschten Ledersessel auf dem Boden und sortiere einen Stapel Bücher ins Regal. Als wir das letzte Mal auf den Inseln waren, habe ich beschlossen, die Bücher mitzubringen; hier gehören sie hin. Schließlich bin ich seit geraumer Zeit selbst wieder als Entdeckerin unterwegs. Für den Blog *My Faroe Islands*, den ich in meinem dritten Jahr auf den Färöern gestartet habe. Ich habe eine Konsole als Schreibtisch neben den Sessel ans Fenster gestellt und mich für die Dauer einiger Tage und Nächte in die Welt des Webseitendesigns verabschiedet. Layouts durchprobiert, Fotos hochgeladen und alsbald meine ersten Posts über das Leben auf diesem einmaligen Eiland mitten im Nordatlantik veröffentlicht. Einfach so, weil ich Lust dazu hatte und weil mir Entdecken Spaß macht – der Grund, warum ich ursprünglich überhaupt einmal Journalistin geworden bin. Hier ist mein Entdeckergeist zurück. Kamerastativ, Akkus, kuschelige Boots, Gummistiefel, Campingstuhl, Taschenmesser, Trockenfisch-Snacktüte, Windjacke, Notizbücher, Sitzfilz, dicke Socken, Ladekabel, Wollpullover, Kekse: Mein Auto sieht aus, als ob ich darin wohnen würde, damit ich nicht jedes Mal, wenn ich das Haus verlasse, all die Ausrüstungsgegenstände, die ich für meine Erkundungstouren brauche, neu zusammensuchen muss.

Wann immer mein Mann und ich in den darauffolgenden Monaten Zeit auf den Färöern verbringen, fahre ich kreuz und quer über den Archipel. Wie sich herausstellt, kann ich das am besten allein. Meinen Mann nervt es, wenn ich, wie er meint, alle zwei Minuten anhalte, um etwas anzuschauen oder zu fotografieren; und mich nervt es, wenn er mir dazwischenfunkt. Man kann also sagen: passt.

Ich stehe auf, gieße dampfenden Kaffee in die Thermoskanne, schmiere Brote, schnappe mir meinen kleinen orangefarbenen Rucksack, und dann schaue ich, wohin mich die Straße führt. Erst einmal raus aus dem Dorf, es gibt ja nur eine Straße, am Fjord entlang und vor bis zur Kreuzung. Dort entscheide ich, ob ich links oder rechts abbiege, dazu betrachte ich den Himmel. Links im Norden braut sich an einem Tag im Oktober etwas zusammen; also die andere Richtung. Durch den Tunnel und über die Brücke, Brúgvin um Streymin. Als sie 1973 eröffnet wurde, flatterten auf ihrer gesamten Länge von 220 Metern Fahnen, und der Verbindungsweg zwischen den Inseln war voll mit Autos und Menschen. Auf Streymoy fahre ich am Sund entlang, über dem ein dicker Regenbogen steht. In Kollafjørður komme ich an dem roten Haus vorbei, in das wir einmal hineinmarschiert sind, weil wir dachten, es sei ein Café – tatsächlich wurde gerade Kuchen serviert –, es ist aber ein Altersheim. Ab und zu begegnen mir Autos oder

Lastwagen. Der Blick reicht weit. Schafe grasen neben der Fahrbahn. Am Rande eines Sees stehen Angler im Wasser. An einem Schild nehme ich den Abzweig und zuckele auf einem asphaltierten Weg auf Kvívík zu; einspurig den Hang hinunter und über ein Schafgitter. Wie viele es von denen auf den Inseln wohl geben mag? Es sind in die Straße eingelassene Metallrohre, über die die Schafe nicht drüberlaufen. Das Gitter rattert unter meinen Reifen. Ein kleiner Friedhof am Wasser, ein pittoresker Dorfkern, Häuser, die dicht an dicht stehen, ein Spiegel, in dem man sieht, ob einem um die Kurve herum jemand entgegenkommt. Ich umkreise einmal die Kirche, gondele ein weiteres Mal an Briefkästen, windschiefen Bäumen, Bootshäusern und dem Hafen vorbei, parke am Bach und schaue mir die Ausgrabungsstätte an. Überreste aus der Wikingerzeit, Wölbungen aus Gras und Stein zeichnen auf dem Boden die Umrisse zweier Langhäuser nach.

Am anderen Ende der Fläche hat man eine Schautafel angebracht, die ein Mann mit einem Lappen putzt. Ich gehe rüber, er heißt Julian, wir reden ein bisschen, dann lädt er mich ein mitzukommen. Das Haus, in dem er und seine Frau Sunneva wohnen, ist alt, schön und gemütlich, die Begrüßung herzlich, wir sitzen am Tisch, es gibt niedrige Decken, rote Samtsessel, Gemälde, Bilder, die Enkel gemalt haben, Spitzendeckchen und Kaffee und Kuchen. Sunneva breitet für mich auf dem Wohnzimmerboden das Schultertuch aus, an dem sie strickt. Dann steht sie auf, kommt zurück und legt etwas neben meinen Teller. Ein in brüchiges Leder gebundenes Dokument, das ich vorsichtig aufklappe, ausgestellt 1926 vom Polizeipräsidenten, Nummer 19 für den Mann mit Krawatte und Hut auf dem Schwarz-

Weiß-Foto. Einer der ersten Menschen, die jemals auf den Färöern Auto gefahren sind: Sunnevas Vater.

Julian erzählt mir, dass Sunneva seit ihrer Kindheit Dinge sammle. Wir laufen ein paar Schritte durchs Dorf, Julian öffnet eine Tür, und dahinter zeigen mir die beiden den verborgenen Schatz: Sunnevas Privatsammlung historischer Gegenstände. Jedes Stück liebevoll archiviert und beschildert. Alte Rasiermesser, Spinnräder, Hämmer, Waffeleisen, Teller und Petroleumlampen. Ein vorzeitlicher Telefonapparat. Holzpantinen und Schuhe aus Lamm- und Schafhaut, die mit geflochtenen Bändern am Fuß festgeschnürt wurden. Walmägen, die Fischer als Bojen benutzten. Seile aus Wolle, mit denen man Kühe festband. Der Eimer einer Melkerin, die auf dem Weg zu den Tieren beim Laufen strickte. Ein Fass, in dem abgeschöpfter Rahm zu Butter gestoßen wurde. Die Holzkiepe, die der Pfarrer auf dem Rücken trug, wenn er über den Berg zur nächsten Kirche lief.

»Komm einfach rein, wenn du das nächste Mal in der Nähe bist«, sagen Sunneva und Julian, als wir uns voneinander verabschieden. »Du brauchst nicht vorher anzurufen; wenn wir da sind, freuen wir uns.« Gastlichkeit – und der Beginn einer Freundschaft.

Als es Frühling wird, räume ich den Beifahrersitz leer, und Jógvan steigt ein. Ich habe ihm von meinem Ausflugsplan erzählt, da hat er gesagt: »Gib Bescheid, wenn du weißt, wann du fährst; ich komme mit.« Er ist Mathelehrer, Malans Sohn und Wanderfreak, scheut keinen Aufstieg und keinen Grat, in Jogginghose rennt er die Berge rauf und runter, geschickt wie eine Gämse, schnell wie ein

Hase, schwindelfrei wie ein Schaf – die färöischen müssen schwindelfrei sein, wie sonst könnten sie überallhin klettern?

Ein Kreisverkehr auf der Insel Vágar, ein Wartehäuschen, an dem der Bus auf seinem Weg zum Flughafen hält, bis zur Kurve am See, Leitisvatn, Sørvágsvatn, oder man sagt einfach Vatnið, der See. Aussteigen. Über flaches braunes Grasland laufen wir am Ufer entlang. Überschwemmungen und Lachen beherbergen geheimnisvoll grüne Unterwasserhalmwelten und Felsen. Schaumwasser bekränzt kleine Buchten aus grobem Kies. Anschließend geht es einige Minuten steil bergauf, Jógvan steht natürlich längst oben. Trælanípa, die Klippe der Klippen, wenn es so etwas auf den Färöern gibt. Eine aussagekräftige Wortschöpfung: »Trælur« ist Färöisch für »Sklave«; »Nípa« bedeutet so viel wie »steiler Berghang mit vorspringender Spitze« oder »Kap«. Definitiv ein Hochformat, lotrechte 142 (oder 148) Meter. Der Ort, an dem die Wikinger die Sklaven runtergestoßen haben sollen; die, die zu nichts mehr nütze waren, wie die Wikinger gesagt hätten. Die Sklaven dürften anderer Meinung gewesen sein.

An der Kante stehen ist nichts für mich. Ich baumle auch nicht wie Jógvan mit den Beinen. Ich sitze eine Hosenlänge weiter hinten, damit mich der Abgrund nicht ganz so leicht zu sich herunterziehen kann. Größere Füße, die ich ausstrecken könnte, und längere Beine wären nicht schlecht; wenn ich die hätte, würde ich automatisch weiter weg von der Kante sitzen. Ich könnte auch einfach ein Stück rückwärtsrutschen. Weil für mich am Rande einer Klippe aber rein gar nichts einfach ist, ziehe ich es vor, mich so wenig wie möglich zu bewegen. Nachdem ich sämtliche Inseln am

Horizont bestimmt – ein Krümel Streymoy, Hestur, Koltur, Sandoy, Skúvoy und Suðuroy – und durch konzentriertes Nachdenken die Watte und den Schwindel in meinem Kopf auf ein Maß reduziert habe, mit dem ich umgehen kann, rapple ich mich auf und lasse das Vatnið schweben. Dazu muss man kein Magier sein, und man sollte die richtige Stelle kennen. Wenn man die Trælanípa zu zwei Dritteln hochläuft und sich dem Rand nähert, sieht man es: Weit und glatt liegt der malerische See hoch über dem Ozean, Hunderte von Metern.

In Wirklichkeit beträgt der Höhenunterschied zwischen Meer und Vatnið gerade einmal dreißig Meter, und auch sonst ist hier nichts so, wie es scheint. Im Vatnið wohnt ein Nykur. Eine Kreatur, der man besser nicht begegnet. Verdächtig wird es, wenn man sein Boot in den See schiebt und am Ufer plötzlich ein grauer Hengst angaloppiert kommt, dann müssen die Alarmglocken schrillen. Das ist der Nykur (oder Nöck). Wer ihn anfasst, der ist verloren, den zieht der Nöck mit sich auf den Grund. Das nimmt kein gutes Ende, bei einer Tiefe von bis zu 59 atemlos durchtaumelten, dunklen und kalten Metern. Und selbst wenn man je wieder nach oben kommen sollte: Dann treibt man; sehr langsam und bleich; einer großen weißen Lilie gleich.

Auf dem Rücken liegt Gämse Jógvan auf einem Felsvorsprung schräg unterhalb meiner Stiefelsohlen und filmt mit meiner Kamera, wie das Vatnið als Wasserfall hinab ins Meer stürzt. Mit ausgestrecktem Arm reicht er mir die Kamera hoch; ich schaue das Video an. Zuerst sieht man, wie das Wasser in Stufen über den Steilküstenrand strömt, hernach Jógvans blau-gelbe Turnschuhe mit der Felsnadel Geituskorardrangur im Hintergrund, und dann folgt ein Schwenk über den Wasserfall steil nach unten, 30 oder 32 Meter tief, es gibt unterschiedliche Angaben, das passiert ständig. Zum Beispiel der See: Mal ist das Vatnið 3,4, mal 3,56 Quadratkilometer groß, je nachdem, wo man nachschaut. Wahrscheinlich kommt keiner mit dem Messen nach bei all den Bergen, Fjorden, Grotten, Wasserfällen, Schären, Senken, Buchten, Schluchten, Küsten, Bächen, Sunden, Seen und Holmen. Da müsste man ja jeden Meter der Färöer vermessen, und wer sollte das leisten? So ist auch der höchste Berg der Inseln geschrumpft; alte Messungen hatten für den Slættaratindur auf Eysturoy eine Höhe von 882 Metern über dem Meeresspiegel ergeben, neuere ganze zwei Meter weniger.

Woanders stimmen kartografische Beschreibungen nicht mehr, weil etwas abgebrochen ist; ein Stück Klippe, ein Brocken Felssäule, ein Zacken aus Tuffstein oder Basalt. Unaufhörlich nagt die Erosion an den Inseln. An der Südseite von Vágar ist sie besonders stark. Irgendwann wird es den schwebenden See und den Wasserfall und all das nicht mehr geben. Wenn die Erosion mit der Gegend fertig ist, kracht alles zusammen, und selbst der Nykur wird ins Meer gespült – zumindest in meiner Fantasie: Das Salz der Wogen habe ihn blau gefärbt, von der Mähne bis zu den Hufen, sagen die wettergegerbten Fischer, die in meinem Kopfkino mit schaukelnden Kuttern, Gottvertrauen in Seemannsherzen und strubbeligen Bärten hinaus aufs Meer fuhren. »Glaubt uns, wir haben es mit eigenen Augen gesehen, auf einer Schäre saß der blaue Nöck mit einer Harfe und spielte eine schaurig-schöne Melodie.« Lachhaft, weil es den Nöck nicht gibt, und erst recht kein blaues Seepferd, das mit nassen – was denn, Nüstern, Hufen, Ohren? – die Saiten einer Harfe zupft. Mag sein. Was aber, wenn sich etwas ereignet, das sich mit Logik nicht erklären lässt, und man selbst steckt mittendrin?

Mittsommer, der längste Tag und die kürzeste Nacht, Gedanken an Werden und Vergehen, tanzende Elfen und Trolle, fiebrige Stunden. Eine Freundin kommt zu Besuch, wir lachen und reden viel und laut und wild durcheinander, dann brechen wir auf und fahren hinein in die helle Nacht. In einer Tüte, die auf dem Rücksitz steht, steckt unser Proviant: selbst gebackener Rhabarberkuchen, Getränke, Skerpikjøt und das Brotpaket. Auf der Insel Viðoy stehen wir auf der Straße und schauen über den Sund. Nur wir, die Berge als dunkle Silhouetten, am Himmel schweben Wolkentiere, Fische, Vögel; ein Igel vor einem Schälchen, ich tippe auf Milch. In Viðareiði, dem nördlichsten Dorf der Färöer, leuchtet weithin sichtbar die Kirche, aber als wir davorstehen, sind alle Fenster dunkel, und die Tür ist verschlossen. Ein verschnörkeltes Gitter malt sattschwarze Schatten auf die weiße Kirchenwand, die Zeit hört auf zu sein, die Welt steht still. Was ist das: Tag oder Nacht? Ein samtiger, narkotisierender Traum, aus dem man nie wieder aufwacht, oder klebrige, reißende Realität? An der Anlegestelle setzen wir uns auf eine Mauer und packen unseren Proviant aus, Sonne in der Nacht und ein runder Mond, Herzschlag, Wellenschlag, alles da, nur nicht das Brotpaket. Beide beschwören wir, es gesehen zu haben, auf der Rückbank, in der Tüte. Rausgefallen sein kann es nicht, niemand hat die Tüte bewegt, niemand eine der hinteren Türen überhaupt geöffnet. Es bleibt verschwunden. »Huldufólk«, flüstert meine Freundin. Wir schauen uns an und schweigen. Nicht, weil wir daran glauben, sondern weil wir nicht wissen, ob nicht doch etwas dran ist.

Den Sagen und Märchen der Inseln zufolge wimmelt es auf den Färöern nur so von Zwergen, Wichteln, Trollen, Gespenstern und Riesen, magische Steine kommen vor, verzauberte Schiffe, vergrabenes Gold – und Huldufólk. Graue, versteckte Wesen mit schwarzen Haaren, die in, unter oder hinter Steinen und Erdhügeln leben. Nicht immer sind sie leicht von Menschen zu unterscheiden, nicht immer schaden sie ihnen, oft aber doch. Wenn man nicht aufpasst, tauschen sie Kinder aus – wer so etwas tut, stiehlt bestimmt auch Brotpakete. Huldu-Kind, -Boot, -Junge, -Mädchen, -Hügel, -Frau, -Hund, -Sage, steht alles in meinem Wörterbuch, das im Haus am Meer im Lesezimmer liegt, zusammen mit noch mehr Wissen über die Färöer, Tourismusbroschüren, antiquarischen Fotos, Faltblättern, Schulbüchern, Karten, einem Band, der die färöische Literaturgeschichte behandelt, Leinen-Insellyrik, vergilbten Berichten Nordlandreisender, Kindheitserinnerungen aus einem anderen Jahrhundert – viel alte Schrift und viel »Damals«, Gedichtetes und Geschichtliches. »Hulduseyðir«, flüsterten dem Geiste dieser Sammlung zufolge Geschwister, wenn sie über die grauen Schafe der versteckten Wesen sprachen und ihre eiskalten Füße aneinanderrieben, im Bett, in dem sie aus Platzmangel gemeinsam schliefen.

Unser Brotpaket bleibt verschwunden. Obwohl wir, als wir morgens um 4:27 Uhr wieder in Elduvík angekommen sind, mehrfach das Auto absuchen, jede Ritze und jeden Winkel, unter den Sitzen, die Innenverkleidung. Zwei Tage später ist das Brotpaket wieder da. Ich sehe es sofort, es liegt wie auf einem Präsentierteller vor der Rückbank auf der Gummimatte im Fußraum. Angeknabbert sind die Brote nicht. Aber meiner Ansicht nach haben sie einen leichten grauen Schimmer.

An Geschichten glaubt man oder eben nicht. Wenn man an sie glaubt, taucht man in sie ein und wird für immer ein Teil von ihnen. In meiner Kindheit waren das »Jim Knopf«, »Momo«, »Die unendliche Geschichte«, »Der kleine Hobbit« und »Der Herr der Ringe«, Bücher, die ich nicht mehr aus der Hand legen konnte, nicht einmal in der Badewanne. Jetzt bin ich auf dem Weg zu einem der Schauplätze, und als ich es sehe, kann ich es kaum fassen: eine Tür, kreisrund wie ein Bullauge, grün gestrichen, mit einem Klopfer genau in der Mitte. Sie führt in ein Loch. Kein schmutziges und feuchtes, in dem Wurmzipfel von der Decke hängen, sondern in das versteckte Hobbithaus von Leynar; gebaut hat es Ole Jakob. Mit seiner Frau, der Dichterin Guðrið, wohnt Ole Jakob in einem verwunschenen Reich oberhalb eines breiten, hellen Sandstrandes auf Streymoy. Ein eingezäuntes Ensemble mit Grasdächern, Gewächshaus, Galerie, Gemüsegarten, Bänken und hügeligem Grün, in einen Hang gebaut das Hobbithaus. Im Frühling blüht ein Meer aus Tulpen, Hyazinthen und Narzissen, im Sommer duften Rosen; eine rote Brücke führt über einen Bach. In seiner Werkstatt mit Blick aufs Meer drechselt Ole Jakob kostbare Objekte aus färöischem Holz. Lampen, die Schirme so dünn gearbeitet, dass Muster sichtbar werden, wenn man das Licht anknipst – Stromlinien und tückische Wasserstrudel, Nordlichtflackern und versteckte Landkarten. Schalen mit geschwungenen Konturen und Oberflächen, die so glatt sind, dass ich sie jedes Mal streicheln muss.

Ole Jakob hat mir erzählt, dass er mit seinem Holz spricht. Viele der Äste und Stämme, die er bearbeitet, sind mehr als hundert Jahre alt. Lärche, Ahorn, Kiefer, Vogelbeere: Ole Jakob hört zu, und das Holz erzählt ihm seine Geschichte. Die von Tolkiens Hobbit hat er seinen Kindern vorgelesen, als sie klein waren. Sie alle haben das Buch geliebt, gemeinsam sind sie in fremde Welten abgetaucht. Nun, mit über siebzig Jahren, hat Ole Jakob sein eigenes Hobbithaus gebaut, ganz allein, mehr als drei Monate hat es gedauert. Als es fertig war, hat er es gelb angestrichen, die kreisrunde Tür grün – Farben, die Hobbits mögen.

Ole Jakob und sein Glockenhut, eine Eigenkreation aus grünem Filz, gehen voran, dann stehen wir im Loch. Auf dem Boden liegt ein Teppich, der ein Stück weit eine Wand hinaufklettert, frech lugen seine Fransen über eine Tischkante. Durch ein Fenster – rund, was sonst – schaut man hinten raus auf Gras; von der Decke hängt ein Korbsessel, in den ich mich setze und sanft vor- und zurückschwinge; wo ist meine lange Holzpfeife, die brauche ich, gleich kommt Bilbo Beutlin, wir wollen Rauchringe blasen. »Abenteuer«, sagt Ole Jakob und lächelt, »müssen nicht immer in der Ferne liegen. Manchmal reicht es, eine Tür zu öffnen, und schon steht man mittendrin.« Im Auenland von Leynar. Oder man landet – wie ich an einem anderen Tag mit einer Gruppe Pfadfindern – gleich auf einem fremden Planeten: Tindhólmur.

Der unbewohnte Holm westlich von Vágar, der mir bislang immer Lust auf Schokolade gemacht hat, umfasst stolze 65 Hektar. Diesmal sehe ich aber kein Stück Toblerone, vor dem Wasser über eine Reling spritzt, diesmal steuern wir ein schlafendes Urviech an: Vom Fjord aus gesehen, kommt zuerst der Kopf, dann der gepanzerte Rücken mit den fünf Stacheln und zum Schluss der Schwanz. Eine Riesenechse, der man heimlich eine Handvoll Betonstufen in eine Bauchfalte gegossen hat. Jurassic Park, wir springen an Land. Die felsige Küste, der Holzsteg, der über sumpfiges Grasland führt, die Klippe, auf der die Papageitaucher sitzen, der aufragende Rücken – die gesamte Echse ist Privatbesitz. Es sind weniger als zwanzig Menschen, denen der Tindhólmur gehört, im Sinne von »mein Holm«, unvorstellbar. Ich frage einen der Besitzer, wie sich das anfühlt. Seine Augen blitzen. Mit einem Schlüssel schließt er für uns eines der zwei Sommerhäuser auf, die hier stehen. Softshelljacken werden in der Sonne ausgezogen und über Stühle gehängt, Hemdsärmel hochgekrempelt, wir hobeln Käse, den wir auf Cracker und schief geschnittenes Brot legen; Gläser mit Limonade, Bierflaschen und Gelächter machen die Runde; ich lege den Kopf in den Nacken und schaue hoch zu den Stacheln. Jede Spitze hat einen Namen, die höchste Stelle misst 262 Meter. Ytsti ist die »Äußerste«, auf ihr bin ich schon gewesen – mit Facebook.

Kaum ein Färinger, der kein Profil hat. Bilder aus der Heimat sind überaus beliebt, und Rätsel. Man postet einen Schnipsel Landschaft, und alle raten, wo das Foto gemacht wurde. Impressionen von Wanderungen sind ebenfalls populär, aber auf die Tindhólmur-Echse zu klettern, sich nacheinander auf alle fünf Stacheln zu setzen und dabei einen Selfiestick in die Höhe zu halten, das ist selbst für Färinger extrem. Mir ist allein vom Zuschauen schlecht geworden, als ich das auf Facebook gesehen habe. Nun überlege ich, ob ich ein Tindhólmur-Rätselfoto schießen sollte. Zwei Meter Holzsteg. Die Sonnenuhr, die jemand in den Felsgrund geritzt hat. Oder das schlafende Urviech, vom Schwanz aus gesehen. Da ich mich nicht entscheiden kann, lasse ich das Posten sein. Außerdem muss ich aufpassen, wo ich hintrete. Der Schwanz der Echse erweist sich bei näherer Betrachtung als schroff geschuppte Flosse, auf der sich die Tür in eine andere Welt findet; ein paar Schritte nur, und überall um mich herum sind kleine Krater. Mystische Badewannen, gefüllt mit Wasser. Als ich es mit der Hand teste, ist es seidenweich und warm, und ich wünsche mir, ich besäße den Tindhólmur. Mit einem Handtuch würde ich über Wollgraswiesen, Erdkrustenrisse und Mondfelsen laufen, mich in einen Krater setzen und ein Bad nehmen, während am Horizont blutrot die Sonne versinkt – und das Spektakulärste doch immer noch verpassen.

The Dark Side of the Moon, die Südseite des Holms, die Wand. In ihr hingen vor nicht allzu langer Zeit Wissenschaftler in Klettergeschirren und bohrten ins Gestein. Marsforscher auf der Suche nach terrestrischen Analogien zum Roten Planeten, auf einem Holm im Nordatlantik, der geboren wurde, als vor unvorstellbaren sechzig Millionen Jahren tektonische Platten drifteten, Landmassen sanken und glühende Lavaströme flossen. Ungeheuerliche Mengen von Basalt türmten sich in Schichten. Später formten Gletscher die Berge, Täler und Fjorde des Archipels. Tropisch warm war es zwischendurch auch, und all das sieht man im Gestein der Wand. Durch Satelliten, Landefähren und Rover-Fahrzeuge weiß man, dass der Mars hauptsächlich aus Basalt besteht, wie die Färöer. Als ich die Wissenschaftler, die zum Team des AMASE-Mars-Projektes gehören, kontaktiere, erfahre ich, dass sie hinter dem Sommerhaus den Berg hochgeklettert sind, durch die Stacheln hindurch, und auf der anderen Seite wieder runter, mit Rucksäcken, in denen sich schweres Messequipment befand, unter anderem eine Stereo-Panorama-Kamera mit Makroauflösung und der Prototyp eines Infrarotspektrometers. Instrumente, die während der Expedition mit Gesteinsproben kalibriert worden sind, die die Forscher in der Wand eingesammelt haben. Weltraumtechnik, die in nicht allzu ferner Zukunft mit einer Rover-Mission vom Weltraumbahnhof Cape Canaveral auf den Mars fliegen wird. Ich wünschte wirklich, ich könnte den Tindhólmur besitzen: Ich säße in meiner Badewanne, unter mir eine Schicht aus neun Kilometern erkalteter Lava, über mir der Schweif einer Trägerrakete, Unendlichkeit und Millionen funkelnder Sterne. Langsam wird das Wasser frisch. Hoffentlich habe ich die Taschenlampe für den Rückweg nicht vergessen. Ein Wollpullover über dem Handtuch wäre nicht schlecht. Und über der Klippe, auf der vorhin die Papageitaucher saßen, hätte ich gern, dass es am Firmament zu flackern beginnt.

Der Himmel hat viele Farben auf den Färöern, auch nachts. Das Kamerastativ muss raus aus dem Auto, ab sofort trage ich es jeden Abend hoch ins Wohnzimmer und klemme mir ein ums andere Mal die Finger; unhandlich, wenn man tausend Dinge gleichzeitig die Treppe hinaufschaffen will. Die Stativbeine ziehe ich aus, die Schnellverschlüsse rasten ein, auf dem Kugelkopf befestige ich meine Kamera. Mit dem Nordlicht ist es wie mit einem Schmetterling: Je mehr man so tut, als ob man sich nicht für den Falter interessierte, desto eher setzt er sich auf die Hand. Ehrfürchtig spürt man die Leichtigkeit der Berührung, verzückt bewundert man die filigranen Flügel und Fühler; ein geschenkter Moment, schon flattert er weiter. Auch beim Nordlicht verbietet sich jegliches Quengeln und Drängeln von selbst. Natürlich ist es eine Jagd, aber eine mit Zwischentönen, eine verschwiegene, subtile. Zweifelsohne muss man vorbereitet sein. Aber eben so, dass das Nordlicht nichts davon mitkriegt.

Die Fernsteuerung für den Auslöser ist aktiviert, die Akkus und kuscheligen Boots liegen bereit, die Kamera sollte auf manuell und für Aufnahmen mit Stativ eingestellt sein, der Himmel dunkel und möglichst frei von Wolken. Und der Kp-Index der Aurora-Borealis-Vorhersage muss stimmen. Mit ihm wird die Intensität der geomagnetischen Aktivitäten angegeben, immerhin geht es um energiegeladene Teilchen aus Sonnenwinden, die das Magnetfeld der Erde erreichen, zu den Polen abgelenkt werden und – vereinfacht ausgedrückt – Stickstoff und Sauerstoff in der Atmosphäre zum Leuchten bringen. Mich interessiert in diesem Fall der Nordpol und wann das Flackern endlich losgeht. Laut sagen darf man das aber nicht, besser, man denkt nicht einmal daran, sonst verhüllt sich augenblicklich der Äther.

An einem späten Abend im späten August – die Aurora-Borealis-Vorhersage war außerordentlich gut und der Himmel über mir im selben Maße bedeckt – studiere ich verschiedene Wetterberichte und fahre schließlich nach Eiði, unter dem fadenscheinigen Vorwand, Lust auf einen kleinen Ausflug zu verspüren. Doch das Nordlicht lässt sich nicht täuschen. Als ich im äußersten Nordwesten unserer

Insel ankomme, ist kein einziger Stern zu sehen, und es nieselt. Ich beschließe, über die Bergstraße zurückzufahren, vielleicht sehe ich am Pass Polarlichter.

Es gibt fahl, dunkel, rabenschwarz und zappenduster. Das, was danach kommt, ist eine Welt ohne Licht und hat keinen Namen, ich nenne es schwärzestes Schwarz, nur selten kann man es erleben. Zuerst bemerke ich es nicht, wahrscheinlich wegen der Scheinwerfer. Als es einige Kilometer weiter zu einem klaren Gedanken wird, rolle ich rechts ran, stecke mein Smartphone in meine Jackentasche und stelle mich mitten hinein ins schwärzeste Schwarz. Nach ein paar Minuten verliere ich jegliches Gefühl für Raum, alles um mich herum ist dicke, gleichgültige Finsternis, weder gut noch böse, einfach nur leer. Was passiert, wenn man eine Stunde oder länger so steht, weiß ich nicht, ich probiere es nicht aus, vermutlich führt es zu gravierenden Bewusstseinsveränderungen. In meinem Fall jedoch ist eher wichtig, dass ich in diesem Moment nicht mehr an das Nordlicht denke, und das dürfte den Ausschlag geben, damit habe ich den Schmetterling auf der Hand. Nicht sofort, das wäre zu einfach. Aber einige verdeckte Aurora-Borealis-Observationen später.

Vieles an der Sache mit dem Nordlicht ist Intuition. Nur weil die Vorhersage behauptet, dass es keines geben wird, bedeutet das noch lange nicht, dass dem auch so ist. Am besten, man tut so, als ob man anderweitig beschäftigt wäre. Mitternachtsabwasch, im Sessel Musik hören oder Wäsche sortieren, beiläufig knipst man im Haus die letzte Lampe aus, unauffällig schlendert man auf die Terrasse und rückt einen Holzstuhl zurecht. Unterdessen beginnt vielleicht etwas in einem Hinterzimmer des kosmischen Raumes zaghaft zu flackern – Alarmstufe Grün, ich fange an, auf der Stelle zu hüpfen, so schnell kann man gar nicht gucken, wie ich das Stativ draußen habe – das Flackern gewinnt an Kraft, bricht frei, grüne Bänder und Vorhänge wabern über den rötlichen und bläulichen Himmel. Nordlicht! Das muss ich mir unbedingt von weiter oben anschauen. Mit dem Stativ in der Hand renne ich zum Auto, krache durch Schlaglöcher, rausche um die Kurve und sause die Straße hoch. In Höhe des Ortsschildes klemme ich mir die Finger an einem Schnellverschluss und drücke den Fernauslöser der Kamera; der Schmetterling ist gelandet. Still stehe ich da und schaue. Tränen laufen über meine Wangen, weil das Nordlicht überirdisch schön ist, weil es die Häuser und Laternen unseres Dorfes sind, über denen es tanzt, weil ich mich klein fühle unter dem göttlichen Gewölbe und dieser Musik aus Formen und Farben, und dennoch mit allem verbunden.

Wo die Musik des Kosmos zu hören ist, ist die Welt ein schönerer Ort. Was nicht heißt, dass irdische Klänge weniger spannend wären. Meeresrauschen, Tiergesänge, quatschendes Gras – oder einfach eine Röhre. Eine Zufallsentdeckung. Hinter Runavík fahre ich am Toftavatn vorbei, einem See, um den herum sich Heidelandschaft erstreckt. Früher wurde in der Gegend Torf gestochen, Schwerstarbeit mit Spaten. Wenn die viereckigen Stücke oft genug gewendet worden waren, wurden Küchenherde und Öfen geheizt; der Brennstoff, den es gab. Als ich am See anhalte, blüht auf Anhöhen und Hügeln die Besenheide, Vögel musizieren, Sterntaucher, Austernfischer und Bekassinen. Der südlichste Punkt von Eysturoy heißt Eystnes, eine schmale Straße führt dorthin. Eine völlig andere Tonlage, alles ist flach, karg, exponiert, das Fell der Schafe womöglich noch zerzauster als anderswo auf den Inseln; nichts schützt sie vor dem, was hier geerntet wird – Wind.

Die sich drehenden Rotorblätter des Neshaga-Windparks habe ich schon von Weitem gesehen. Was aber ist das, worauf ich jetzt zufahre? Die Rückseite eines Thrones? Kein eiserner, der würde im Königreich Eystnes kein Jahr überdauern; vielleicht einer aus rostfreiem Stahl? Oder Landschaftskunst, das monumentale Abbild eines aufgestellten historischen Mantelkragens? Mit Sicherheit ein futuristisches Objekt, das aus Metalltuben zu bestehen scheint. Thron als Bezeichnung ist gar nicht so schlecht, man kann in das Ding hineingehen und sich setzen, mit Blick aufs Meer, Nólsoy und Tórshavn. Um die Holzbank herum zieht sich ein Kreis aus vertikal angeordneten Röhren, die nach hinten hin – in meinem Rücken ist Norden, sagt der Kompass – stufenweise höher werden, das ist die klingende Lehne. Rostfreie Musik, kurze und lange Resonanzkörper, über und durch die Luft strömt, ich hänge mit dem Ohr in Röhren und horche, hier ein tiefer Ton, da ein hoher. Ein singender, summender Thron, ein Windschutz, eine Windorgel. Grandios, wer aber hat sich das ausgedacht?

In Runavík gehe ich in die Bankfiliale und frage am Schalter, ob jemand weiß, was es damit auf sich hat. Wie immer kennt jemand jemanden, der Designer ist nicht nur Architekt, sondern auch Cousin, schon habe ich seine Kontaktdaten.

Als ich Eyðun anrufe, erzählt er mir, dass sein Windorgel-Kunstwerk auf dem Fundament eines Windrades steht, das von einem Sturm zerschmettert wurde. Anemometer, Windmesser, haben hier zu Weihnachten einmal Böen mit Geschwindigkeiten von bis zu 288 Kilometern pro Stunde gemessen – Orkan fängt auf der Beaufortskala bei 118 an. Dass ich die Geschichte mit dem anderen Künstler auftue, hat dann nichts mit Architektur und Wind zu tun, sondern mit Kino und Zufall:

Ich bin in Kopenhagen gewesen, nun sitze ich am Gate und warte auf das Boarding für den Flieger zurück auf die Färöer. Menschen rollen Transportkisten durch den Wartebereich, Film, denke ich, und schon erscheinen Wim Wenders und seine Frau Donata. Mit meinem Smartphone schaue ich in einer Filmdatenbank nach, an welchem Projekt der Regisseur gerade arbeitet – ein romantischer Thriller, »Submergence« –, dann stehe ich auf, gehe hin und sage Hallo; Fotografin Donata Wenders und ich kennen uns von Veranstaltungen aus Berlin. Die beiden erzählen mir, dass vier Drehtage auf den Färöern geplant sind, Alicia Vikander spielt eine Meeresforscherin; die Inseln kommen also tatsächlich ins Kino.

Nach der Landung auf Vágar mache ich vor dem Flughafengebäude ein Foto von Donata und Wim Wenders und schreibe auf meinem Blog über die Pläne zu den Dreharbeiten, die bislang geheim gehalten wurden. Später sehe ich, dass KVF, Kringvarp Føroya, der öffentlich-rechtliche Fernseh- und Rundfunksender, mein Foto von Donata und Wim Wenders zeigt und meinen Blog zitiert; meine Geschichte auf Färöisch mit Link – ich ertappe mich dabei zu grinsen. Im fertigen Film sind letztendlich der Tindhólmur, die Drangarnir-Felsen und eine Gasse des Dorfes Bøur zu sehen, durch die Alicia Vikander läuft. Das Ganze dauert ungefähr so lange, wie es braucht, eine Briefmarke aus einer Schublade zu kramen, anzulecken und auf einen Umschlag zu kleben. Trotzdem schön.

Apropos Briefmarken: Die Autos der färöischen Post und die Briefkästen sind blau mit weißer Schrift. Postwertzeichen gibt es zu allen möglichen Themen, Meer, Wissenschaft, Blumen, Vögel, Königshaus; und Sammler finden sich überall auf der Welt. Ersttagsbriefe werden herausgegeben, Sonderstempel, Bögen und Zubehör. Mit Briefmarken kann man über die Inseln und durch die Geschichte reisen. Eine zeigt das erste Automobil, das 1922 auf den Färöern ankam, ein Ford-TT-Lastwagen, eine Sensation, ganz Tórshavn war aus dem Häuschen, bis dahin hatte es nur einige wenige Pferdewagen gegeben. Auf anderen Marken sind Elfenhügel, Bergblumen, Leuchttürme, historische Wassermühlen und alte Bauernhöfe zu sehen. Der See Toftavatn, an dem die Heide und die Schwarze Krähenbeere wachsen, ist ein beliebtes Motiv. Das Dorf Bøur aus Wim Wenders' Film lässt sich verschicken. Und dann gibt es noch die eine Marke, die mich seit Längerem ganz besonders interessiert: Sie zeigt Stóra Dímun. Die Briefmarke für Entdecker, wie ich inzwischen herausgefunden habe.

Stóra Dímun ist die kleinste bewohnte Insel der Färöer. Sie misst 2,65 Quadratkilometer (oder 2,7), hat die Koordinaten 61° 41' 49'' N, 6° 44' 56'' W, acht Bewohner, die Postleitzahl 286 und keinen Hafen. Wie die Post dann auf die Insel kommt? Wie alles, was nach Stóra Dímun gebracht wird – Baumaterialien, Vorräte, der Lehrer, der die Kinder unterrichtet, Maschinen –, nimmt sie den Weg durch die Luft und reist mit dem Hubschrauber. Wir dagegen segeln. Am Abend zuvor klingelte mein Telefon, Kapitän Birgir war dran, morgen fahre er mit seinem Schoner und ein paar Leuten hin, ich solle unbedingt mitkommen, eine Gelegenheit, die so schnell nicht wiederkehre. Das habe ich mir natürlich nicht zweimal sagen lassen. Unter der grellen Sonne des Tages macht die *Norðlýsið* 9,5 Knoten, Eichenholz knarzt, mein buntes Halstuch flattert im Wind. Als wir nah genug dran sind, steigen wir in ein Beiboot und gehen in einer kleinen Bucht an Land. Direkt neben einer Felsformation, die wie eine von einem Riesen modellierte Tröpfel-Sandburg aussieht. In die aufragende Wehrmauer hat der Gigant mit seiner Schaufel Muster und horizontale Rillen gezogen. Eine von gicksenden, schnarrenden, kreischenden und knurrenden Eissturmvögeln, Lummen und Möwen bewachte Festung, die es zu erobern gilt.

Level 1: Murmelspiel. Über Gesteinsbrocken, die so groß wie Autos sind, kämpfe ich mich kletternd und springend bis zu einer Stelle vor, an der ein Seil hängt. Kurz schauen, wie die anderen das machen, dann greife ich selbst nach dem Strick und ziehe mich hinauf. Ich laufe eine schräge Felswand hoch! Das einzige Computerspiel, das ich jemals zu Ende gespielt habe, war »Tomb Raider – featuring Lara Croft«. Ich wusste schon immer, warum ich das mochte.

Level 2: Grashang. Während ich meine Finger in Grasbüschel kralle und an verlassenen Papageitaucherhöhlen vorbei Meter um Meter den Hang hinaufrutsche, wage ich einen Blick nach unten; dorthin, wo sich in der Tiefe an- und abschwellende Wellen an Felsen brechen und der Ozean weiße Gischt spuckt. Meine Güte, ist das steil. Wenn ich da runterfalle... aber nein, ich bin Lara Croft, ich falle nicht runter. Sag ich doch!

Level 3: Himmelslabyrinth. Ein von den Bewohnern der Insel errichtetes System aus Leitern und Seilen, das in der mittlerweile senkrechten, 150 Meter hohen Klippe über zwei fußbreite Felsvorsprünge bis nach oben führt. Geschafft! Ich stehe auf dem baumlosen, grasgrünen Plateau von Stóra Dímun. Nur nicht zu nah ran an den Abgrund, schließlich habe ich Höhenangst.

Bevor wir wieder runterklettern, sitzen wir, die Segelgemeinschaft, neben einer Schaukel, einem Trampolin und einer Outdoorbadewanne, in der alle acht Insulaner gleichzeitig Platz finden dürften, und grillen unseren Dorsch mit Blick auf die Nachbarinsel Lítla Dímun, die wie ein Teighäufchen auf einem Backblech über dem weiten Meer thront. Dazu gibt es hausgemachten Kartoffelsalat, Lachssandwiches und Evas Waffeln mit Sahne und Rhabarberkompott.

Eva, die einen blauen Wollpullover mit vergnügtem Sternenmuster trägt, ist Bäuerin auf Stóra Dímun in achter Generation. Ich frage sie, ob sie sich auf der Insel manchmal einsam fühle; nicht immer scheint die Sonne so wie jetzt. Geografisch gesehen, seien sie und ihre Familie natürlich isoliert, sagt Eva. »Aber ob man sich einsam fühlt oder nicht, das hat doch damit nichts zu tun. Einsamkeit ist ein Gefühl, das du in dir trägst, unabhängig davon, wie viele Menschen um dich herum sind. Mit jedem Leben, das du wählst, bekommt du etwas und verlierst etwas. Wir sind mit unserer Familie hier, weil wir uns dafür entschieden haben. Es geht nicht darum, was die anderen machen, sondern darum, was für dich gut ist. Ich bin mir sicher, dass man sich in einer großen Stadt sehr viel einsamer fühlen kann als hier auf Stóra Dímun.« Ich schirme meine Augen mit der Hand gegen das Licht ab, schaue auf das Meer und in die prächtige Ferne und nicke. Eva hat recht.

Am Ende der Bergstraße fahre ich an einem sattgoldenen Inseltag durch Gjógv und laufe in den Naturhafen. Zuerst kommen steile Treppen, dann wird es rutschig. Der Boden ist mit allerlei Muscheln besiedelt, die Holzbohlen, über die sich meine Gummistiefel tasten, sind glitschig. Wellen schwappen in die Felsspalte; wo sie bei mir ankommen, ist das Wasser unwirklich klar. Auf seiner Oberfläche schaukeln Lichtflecken, darunter schimmern rote und braune Algen, Burgunder und Kastanie, blasslila Steine, Fischschuppensilber, Honiggelb, Seegrün – ich bin kurz davor, den Kopf unter Wasser zu stecken, tue es dann aber doch nicht, vermutlich würde ich instinktiv die Augen zukneifen; eine Entdecker-Schwimmbrille wäre hilfreich. Ich laufe zurück zum Auto, hole meinen Campingstuhl und die Thermoskanne, setze mich ans Meer und beobachte, wie die vorgelagerten Felsen ein ums andere Mal überspült werden. So lange, bis meine Gedanken und Kekse alle sind. Zeit, nach Hause zu fahren. Das Schafgitter rattert unter den Reifen. Als ich anhalte und hinab auf Elduvík schaue, bricht die Dämmerung herein, friedlich liegt das Dorf da. Im Autoradio singt ein färöischer Männerchor. In den Häusern brennt Licht.

kirkja ['tʃɪ.ɪ̯tʃa]

Elduvík, kein Dorf wie jedes andere

Durch nassen Wind spaziere ich am Haus von Kapitän Sonny vorbei und zwischen eng beieinanderstehenden Mauern hindurch; unter Regenrinnen schaukelt Wintertrockenfisch, Graswellen fließen über Dächer. Unser Briefkasten wird montags, mittwochs und freitags um dreizehn Uhr geleert. Als ich vor ihm stehe, kommt mir der Gedanke mit dem Liebesbrief, und ich stelle mir vor, wie ich ihn in den kleinen blauen Kasten werfe. Absender: ich. Empfänger: unser Dorf. Keins wie jedes andere. Dafür gibt es, abgesehen von der Tatsache, dass der Briefkasten nur wenige Schritte vom Meer entfernt an einem Schuppen hängt, vielerlei Gründe. Einige von ihnen muss ich aufschreiben, damit das Wissen um sie nicht verloren geht; es wäre nicht das erste Mal.

Wie alles begonnen hat mit Elduvík, weiß man nicht, es ist zu lange her. Sobald man wie ich anfängt nachzuforschen, stellt man fest, dass gewisse Briefe eine Rolle spielen. Einer davon ist der Seyðabrævið aus dem Jahr 1298, der Schafsbrief, ein mittelalterliches Rechtsdokument, in dem Regeln für die Schafzucht und andere landwirtschaftliche Belange festgeschrieben wurden. Ihm zugeordnet wird der Hundabrævið, der Hundebrief, ein Anhang, der zwischen 1350 und 1400 verfasst wurde. Er regelt, wie viele Hunde in den Dörfern gehalten werden durften – Hüte-, nicht Schoßhunde, versteht sich. Mehr als dreißig Dörfer werden darin erstmals schriftlich erwähnt, ich lese, dass eines davon Elduvík ist – damit wäre unser Dorf in jedem Fall über 620 Jahre alt.

Im Internet findet man alles Mögliche, wenn man eine Ahnung hat, wo man suchen muss. Um mehr über Elduvík zu erfahren, durchforste ich am Schreibtisch im Lesezimmer eine Statistikdatenbank und stoße auf alte Volkszählungen. Die erste umfassende stammt von 1769: Schnörkelschrift und 946 Menschen, die in der Nordregion lebten, und 4781 auf dem Archipel. Tabellen über Tabellen und an mir vorüberziehende Jahre, 1813 wohnten 5300 Menschen auf den Färöern, 1901 waren es 15000. Im Zensus von 1930 wird es schließlich konkreter, in einer Liste finde ich unser Dorf mit 98 Bewohnern. 1966, ein Jahr bevor ich in Westberlin geboren wurde, lebten laut Volkszählung noch 57 Menschen in Elduvík, in 15 Haushalten, 24 Frauen und 33 Männer.

Mit färöischen Dörfern ist das so eine Sache. Wenn man niemanden kennt und einfach nur durchläuft, was relativ schnell erledigt ist, verpasst man womöglich etwas Spannendes. Ferngläser sind beliebt, man betrachtet Wolkenformationen, Boote und was im Dorf so vor sich geht. Mit dem, das mein Mann mir geschenkt hat, kann ich Poul Johannes und Frida und allen, die auf der anderen Seite wohnen, in die Fenster schauen, wenn Licht brennt; umgekehrt gilt das Gleiche, das sollte man bedenken, wenn man aus dem Bad kommt. Unser Nachbar Erling hat auch ein Fernglas. Bei ihm steht es in der Küche, in der wir sitzen und Brot, Butter, Fischbouletten und kalten Rotkohl essen, dazu trinken wir Tee, Erling, Eivind und ich. Wir reden darüber, wie es früher war in Elduvík. Erling war das erste Kind, das in unserer Kirche getauft wurde. Vor 1951 existierte keine, und die Bewohner von Elduvík mussten zum Gottesdienst nach Oyndarfjørður laufen – über den Pfad, der an den steilen Klippen entlangführt.

»Wenn das Wetter schlecht war, gab es beim Abendmahl mehr Wein als üblich, dann durfte jeder zwei- oder dreimal trinken«, sagt Erling und lacht. Zusammen mit sieben Geschwistern und seinen Eltern ist er in Elduvík groß geworden, in dem Haus, das jetzt das Sommerhaus von Kapitän Sonny ist; ich schätze, es sind sechzig Quadratmeter. Erlings Familie hatte ein Pferd, zwei Milchkühe und sieben Kälber. Der gefährliche Stier, vor dem besonders die Kinder Angst hatten, gehörte allen Viehhaltern gemeinsam. Damals habe man im Dorf noch in drei Kaufmannsläden einkaufen können. Ich frage Erling, wo, er zeigt aus dem Fenster. Ich möchte wissen, ob die Läden unterschiedliche Waren führten, hier Unterhemden, Hausschuhe und Nähgarn, dort Milch, Zucker und Mehl. »Nein«, sagt Erling, und dass es vorgekommen sei, dass in allen Läden gleichzeitig die Regale leer gewesen seien. Wenn das Meer eine seiner Launen hatte und eine salzige Brise Apokalypse in der Luft lag, konnte kein Schiff in der Klamm anlegen, manchmal wochenlang nicht. Sowie sich das Wetter besserte, kam ein Boot, und die Regale wurden wieder aufgefüllt. Die Waren mit dem Kran, den es anno dazumal gab, aus dem Hafen hochzuhieven und ins Dorf zu rollen, zu ziehen und zu schleppen habe einen ganzen Tag gedauert; Erling war dabei.

Auch als die Sprengladungen hochgingen und die Pressluffhämmer ratterten; sechs Jahre lang hat er selbst einen vor sich hergeschoben, 1974 kam die Straße oberhalb von Elduvík an. »Vorher sind wir viel gelaufen, eineinhalb Stunden bis zum Funningsbotnur oder drei Stunden bis nach Fuglafjørður.«

Erling ist der Letzte seiner Familie, der in Elduvík wohnt, allein in einem Haus so groß wie ein Hotel, ich vermute, dass es in den 1970er-Jahren erbaut wurde. Auf dem Fensterbrett im Wohnzimmer blühen das ganze Jahr über Blumen; unter einem Tisch, auf dem sich Bücher und Zeitschriften stapeln, steht ein Staubsaugerroboter, über den wir kichern. Ohne weitere Absprachen setzen wir uns zu dritt aufs Sofa, auf dem ich mir vorkomme wie auf einem gestrandeten Containerschiff – oder wie auf einer von zwei freundlichen Seebären und mir bewohnten Couchinsel. Erling schaltet den Imposantbildfernseher ein, der auf dem gemuschelten Teppichboden steht; ein Film über Afrika und Warzenschweine läuft, den wir schweigend anschauen. So schnell wie unsere Lämmer sind diese Jungtiere nicht, lautet nach einer knappen Viertelstunde das einhellige Urteil der Sofajury. Und die kleinen Warzenschweine im fernen Afrika sind auch längst nicht so gelenkig wie färöische Lämmer.

Die sind sowieso eine Hauptattraktion im färöischen Jahresablauf. Zuerst steht Grækarismessa im Kalender, die Rückkehr des Austernfischers, der den Frühling ankündigt und bei Sichtung umgehend fotografiert und gepostet wird.

Und dann kommen auch schon die Lämmer. Wenn das erste Lamm des Jahres über eine Wiese stakst (klein, große Augen und Ohren), wird sogar im Radio darüber berichtet, welche Farbe es hat (weiß, schwarz, braun, grau, mehrfarbig) und wo es gesehen wurde. Lämmer gibt es überall auf den Inseln. Bei uns im Dorf haben sie eine eigene Rennstrecke. Das Treiben entdecke ich, als ich eines Nachmittages Ende April mit dem Fernglas am Küchenfenster stehe. Eine Weile schaue ich aus der Ferne zu, dann laufe ich rüber. Die Rennstrecke liegt oberhalb unserer Bootshäuser und unterhalb des Friedhofes in einer Sackgasse. Die Fahrbahn ist verschmutzt und kakifarben, die Wiese zu dieser Jahreszeit eher braun als grün, das Meer trägt einen grauen Schleier. Am Straßenrand liegen Mutterschafe, auf denen Lämmer wie auf einem Spielplatz herumturnen, Wackelbrücke, Klettergerüst, Schaukel und Rutsche. Ich beobachte, wie ein zappeliges Jungtier dreibeinig auf dem Rücken seiner Mutter balanciert und mit dem vierten Bein gegen ihren Kopf boxt, ein tätschelndes Tasten, wie Pfötchengeben oder eine Aufforderung zum Spiel, aber das Mutterschaf lässt sich nicht beeindrucken, es zuckt gerade einmal mit dem Ohr. Kurze Zeit später gerät der Kindergarten samt Aufsichtspersonal in Bewegung, die Muttertiere stehen mit einem Ruck auf und stellen sich auf die Fahrbahn; wo sie sind, ist die Ziellinie; die Lämmer laufen in die entgegengesetzte Richtung, gehen in Startposition und sprinten los, 30-Meter-Lauf, ein puppiges weißes Lamm mit schwarzem Kopf holt auf, streckt sich – und gewinnt.

Dukka mín er blá, hestur mín er svartur, ketta mín er grá; meine Puppe ist blau, mein Pferd ist schwarz, meine Katze ist grau, heißt es in einem berühmten färöischen Kinderlied. Jeder auf den Inseln, der alt genug ist, kann es singen. Die Farbe des Schafes, das Malan und Eivind mir schenken, heißt Morreyður, ein rötliches Braun, Torf-Rot. Nie im Leben habe ich gedacht, dass ich Großstadtkind einmal ein Schaf besitzen würde. Meins. Wobei es natürlich weiter wild und frei mit seinen Artgenossen leben kann, grob gesagt, auf dem Gelände, das sich oberhalb des Ortsschildes von Elduvík bis zum Schafgitter kurz vor Funningsfjørður erstreckt – was bedeutet, dass ich es nur selten zu Gesicht bekommen werde. Das macht aber nichts, die Tatsache, dass es eine Ohrmarke trägt, auf der »Anja« steht, reicht für mein Glücksgefühl völlig aus. Ab dem nächsten Frühjahr wird es Lämmer haben, ich nenne es Sally Brown und sage ihm, dass es, bitte schön, vorsichtshalber einen zügig getrabten großen Bogen um die Stelle machen soll, an der Erling die Macht des Huldufólks zu spüren bekommen hat, damals, als die Welt noch dunkler war und es in Elduvík keine Elektrizität gab – bis September 1959 brannten im Dorf Petroleumlampen. Zweimal das gleiche Erlebnis: Das erste Mal war Erlings Vater mit dem Hund draußen; einem, der aufs Wort gehorchte, ausnahmslos, immer, und dann stand der Hund da und tanzte wie ein Verrückter auf zwei Beinen, das Tier sei völlig von Sinnen gewesen, überhaupt nicht ansprechbar. Das zweite Mal war Erling selbst unterwegs mit einem anderen Hund, und was ist passiert? In dem Moment, in dem Erling und der Hund bei den großen Steinen ankamen, tanzte auch dieser Hund auf zwei Beinen und drehte sich wie blöde im Kreis. Seitdem weiß Erling, wo die Huldu-Leute hausen. Andere aus dem Dorf haben die versteckten Wesen im Tal singen und tanzen gesehen. Im Undir Egg – ein lang gestrecktes Areal in Elduvík; ein Stück schroffe Bergflanke und Grasland am Bach – begegnete ein Mann unweit des Hauses von Poul Johannes und Frida an einem trüben Morgen einer Frau, die auf einem Felsen saß und sich lasziv die langen Haare kämmte. Danach ging er nie mehr alleine raus, zu groß war seine Angst vor der unheimlichen Schönen. Ein anderer vernahm Jammern und Hilferufe, die aus der Klamm kamen; zweimal stieg er hinunter, aber niemand war da.

Man hört viele Geschichten im Dorf – vorausgesetzt, man selbst ist Teil der Kommunikationskette. Die Nachrichtenzentrale ist das Haus des Puppenstrickers. Das ist zwar nicht hundertprozentig richtig, klingt aber gut – Be-Sticker wäre korrekter. Bei ihm trudelt im Laufe des Tages der eine oder andere ein, zieht sich die Schuhe und die nasse Jacke aus, nimmt sich eine Tasse aus dem Schrank, und dann gibt es Kaffee, Brot, Skerpikjøt und Neuigkeiten. Bjarni ist überaus geschickt, er schnitzt und fertigt Werkzeuge, stickt Vögel und Schneewittchen und die sieben Zwerge auf Wandbehänge und Engel aus 12 000 Perlen. Die Treppe rauf wurde er geboren. Unten im Flur steht das Modell eines traditionellen färöischen Ruderbootes, das sein Vater gebaut hat. In dem schmalen, länglichen Gefährt sitzen vier Puppen; Fischer, für die Bjarni Mützen, Pullover und Jacken gestrickt hat. So etwas wie Entertainment gab es nicht, als er ein Kind war in den 1950er-Jahren in Elduvík, also hat er von seiner Mutter das Stricken gelernt, oder er stand im Keller und hämmerte Metall. Um sicherzustellen, dass seine Fischer mit einem ordentlichen Fang in den Hafen zurückkehren, hat Bjarni sie mit Miniaturausrüstung ausgestattet. Zwei Zentimeter große Messer mit

Klingen, Bojen, Langleine, Hummerkorb, Holzkiepe. Eine Dolle, eine Rudergabel, in die man auf der Bordkante die langen, schmalen Riemen legte. Ein Ösfass, ein schaufelartiges Gefäß, mit dem man Wasser aus dem Boot schöpfte, um das herum die kalte und tiefe See wogte. Das Sprossenfenster steht einen Spalt offen und ist eingehakt, ich höre und rieche das Meer; es ist schön, so zu sitzen und zu reden. Bjarni zeigt mir alte Fotografien, unsere Bucht und Felssteinwälle, er mit weißem Mützchen im Kinderwagen, als die Kirche eingeweiht wurde. Auf einem Foto, das mit der Jahreszahl 1936 beschriftet ist, sind zwei Frauen zu sehen. Eine von ihnen, erzählt Bjarni, sei Emma, eine Doktorin, die in Fuglafjørður beheimatet gewesen sei, verheiratet war sie mit einem Bauern, der auf Sandoy lebte, alles in allem eine ungewöhnliche Konstellation. Und genauso aufsehenerregend wie die Frau, die erst mit einem Mann und dann mit zweien in Elduvík wohnte …

Das rote Haus, in dem wir sitzen, sei schon immer die Nachrichtenzentrale gewesen, ein Treffpunkt, auch früher, als seine Eltern noch gelebt hätten, sagt Bjarni und schiebt einen Daumen unter seinen Hosenträger. An manchem azurblauen und dotterblumengelben Tag seien bis zu einhundert Menschen auf einen Kaffeeplausch vorbeigekommen; nein, ich habe mich nicht verhört. Richtig voll wurde es, wenn eine Beerdigung anberaumt war. »Dann standen bei uns im Haus eng an eng die langen Tische«, erzählt Bjarni. Sobald der Pfarrer mit der Predigt begann, rannte seine Mutter, die in der Kirche die Orgel spielte, nach Hause und kümmerte sich mit um das Essen, es gab Kaffee, Brot und Suppe mit Fleisch, Mehlklößchen, Karotten und Rüben. Gesetzt den Fall, dass das Wetter es zuließ oder die Jahreszeit, stiegen Männer in die Berge und kamen mit einem Schaf zurück. Dessen Fleisch wurde gekocht und kurz vor dem Leichenschmaus im Ofen warm gemacht. Fast glaube ich, das Stimmengewirr vergangener Zeiten zu hören, während draußen das Meer raunt; vielleicht sitzt es auf dem Tellerbord, in der Holzverkleidung, oder es wohnt in Bjarnis Gardinen und Tapeten.

Ich beginne, im Dorf Tonaufnahmen zu machen und mit meinem Smartphone Videonotizen und Akustikschnipsel einzusammeln, denen ich Namen gebe:

Heimalomb: Lämmer, die von ihren Besitzern zu Hause mit der Flasche großgezogen werden, weil das Mutterschaf gestorben ist oder weil es zwei Lämmer zu versorgen hat und eines klein und schwach ist. Anfangs beansprucht ein Heimalamb in etwa die Aufmerksamkeit, die auch einem menschlichen Baby zuteilwird. Die Heima-Lämmer, die ich filme, toben mit Hunden im Garten eines Nachbarn unter einem Mast, an dem die Fahne flattert.

Schwarm: Das Gezeter redseliger Stare, die gemeinschaftlich durch die Luft sausen und auf Zäunen, Giebeln und unserem Dach landen, das neuerdings dick und sattgrün ist. Kaum etwas, was ein Haus am Meer noch schöner macht als ein Grasdach; ein luftiges Biotop, eine Wiese in der Höhe, mit zwei Lagen Soden, darüber ein altes Fischernetz, das alsbald unter Halmen und Wiesenblumen verschwindet. Eine Welt für sich, in der neben dem Schornstein Klee wächst und Stare nach Insekten picken.

Salzmiere: Was bei diesem akustischen Schnipsel zu hören ist, ist frisch und knackig. Junge, dickfleischige Strandportulaktriebe, die ich in unserer Bucht pflücke und sogleich vor Ort probiere, ich schmecke Salz, Meer, die Aussicht auf einen Salzmieren-Gin-Tonic und Gurke.

»Pirates of Elduvík«: Wochenendkinder, die am Mast eines Holzbootes, das das Meer nicht mehr wiedersehen wird, im Dorf ihre Piratenflagge hissen. Die Kinder wohnen in einem der Sommerhäuser, um die herum sich Bistro-Gartentischchen, Klappstühle, Rollschuhe, Springseile, Eimer mit Straßenmalkreide, Grillroste und Spielzeuglaster ansammeln. Refugien, die in färöischen Familien von Generation zu Generation weitergereicht werden, einige der Häuser sind mehr als einhundert Jahre alt. Seit geraumer Zeit sind beheizbare Outdoorbadetonnen in Mode gekommen, die in den Vorgärten stehen. Man sitzt im warmen Wasser und schaut auf die Kirche, Rhabarberblätter oder den Nordatlantik.

Auch wenn es in unserem Dorf mehr Häuser als ständige Bewohner gibt, kann ich mir das Elduvík-Phänomen trotzdem nicht erklären. Es tritt zutage, sobald man auf den Inseln jemanden trifft, der einen fragt, wo man wohnt. Kaum hat man das Wort Elduvík ausgesprochen, sprudelt die Begeisterung, zumeist so: Elduvík, tað er so hugnaligt, in eurem Bach habe ich als Kind gebadet. Oder: Im Haus an der Kurve hat meine Großmutter gewohnt. Oder die Tante der Großmutter. Oder ein Onkel des Onkels war im Haus, in dem Poul Johannes zur Schule gegangen ist, der Lehrer. Elduvík als Zentrum des Universums. Sogar die echten Piraten haben unser Dorf gekannt.

Sowie die Schiffe der Seeräuber, die im 16. und 17. Jahrhundert die Inseln angriffen, gesichtet wurden, versteckten sich die Bewohner Elduvíks, die Elduvíkingar, in kleinen Hütten in den Bergen. Ihr Ausguck lag 300 Meter über dem Dorf; wenn man den Hausberg von Poul Johannes erklimmt und oberhalb einer Felswand über loses Geröll läuft, kommt man hin. Da ich nicht lebensmüde bin und Poul Johannes mir sagt, dass vom Ausguck nur noch spärliche Mauerreste übrig sind, klettere ich, einige Zeit nachdem ich Bjarni besucht habe, ohne konkretes Ziel den Berg hinauf. Mein Mobiltelefon steckt in einem Brustbeutel, der an meinem Hals hängt. Das sieht nach Schulkind aus, garantiert aber, dass ich die Hände frei habe. Bei den glucksenden Tanks – die Wasserversorgung unseres Dorfes, die vom Regen und zwei Quellen gespeist wird – ziehe ich mir das Shirt unter dem Pullover aus und mache eine Tonaufnahme. Eine Weile lang laufe ich im Zickzack und, als mir das zu langsam erscheint, geradewegs den grünen Hang hoch; wie fast überall auf den Färöern ist auch dieser steil. Regenhosen und knister-glatte Hightechkunstfasern gehen gar nicht, da kann man sich gleich eine Plastiktüte unter den Po schieben und losrutschen, am besten, man trägt eine Jogginghose, die bremst und ist schnell zu waschen, falls beim Übersteigen eines Weidezauns Modder spritzt oder man sich in Schafkötel setzt.

Die Häuser werden kleiner, ich spüre den komfortablen Halt meiner Gummistiefel am Hang und bin selbst erstaunt, wie schnell ich vorankomme – wenn das Poul Johannes sehen könnte. Die Aussicht ist gewaltig, der Wind sonnenreich, der Schwindel nicht mehr als ein Hauch. Elduvík von oben, glattes Niedrigwasser in der blauen Bucht, der mäandernde Bach, die Deckel der Wassertanks, Elektromasten, das glitzernde Meer; keine Piraten, nicht einmal ein optisch auf Punktgröße geschrumpfter Trawler. Ich frage mich, was die Elduvíkingar, die vor mehr als 400 Jahren denselben

Hang wie ich hinaufgeklettert sind, von ihrem Ausguck am Berg gesehen haben mögen. Die Freibeuter der Meere, die aus Frankreich, Algerien und mutmaßlich von den Hebriden kamen, werden ihre Überfälle wohl kaum durch das Abfeuern von Pistolen und Musketen oder mit dem Hissen einer Piratenflagge angekündigt haben, vermutlich hat das Auftauchen ihrer Schiffe am Horizont als Warnung gereicht.

Es gibt mehrere Theorien zum Namen Elduvík. »Eldur« ist das Wort für »Feuer«, »Vík« bedeutet »Bucht«. Die einen schauen spätabends zum Himmel und sagen, dass es die Feuerwolken sind, nach denen unser Dorf benannt wurde, andere glauben, dass der Ursprung in einem Signalfeuer liegt, das in unserer Bucht entzündet wurde. Welche Botschaft es übermittelte, wem und bis wann, weiß man nicht, ebenso wenig, ob die Elduvíkingar in ihrem Ausguck ab einem bestimmten Zeitpunkt ein Fernrohr hatten, durch das sie schauten. Niemand hat diese Geschichten aufgeschrieben.

Überfall! Na ja. Kleinpferde, die als Sommerferiengäste bei Poul Johannes hinter dem Haus auf einer Wiese stehen. Eigentlich. Die Haflinger jedoch ziehen es vor, stiften zu gehen. Irgendwie haben sie einen Weg gefunden, den Zaun zu öffnen, und nun stromern sie durchs Dorf. Zuerst fressen sie einen Blumenkübel kahl, dann traben sie zu einem Picknicktisch und durchwühlen die Proviantüten dreier Touristen. Poul Johannes anrufen, er ist in Runavík, also müssen mein Mann und ich die Pferde beruhigen und die Touristen wieder einfangen – oder umgekehrt. Drei Haflinger, zwei paralysiert wirkende Spanier und ein Italiener, der sich aus dem Picknicktischgestell windet und schreiend davonläuft, als hätte er das leibhaftige Marmennilin gesehen oder dessen nasse Fußstapfen.

Unser Dorf ist nicht auf fremde Sagen angewiesen. Es hat seine eigene. Nachforschungen in Kirchen- und Gerichtsbüchern haben ergeben, dass einer ihrer Hauptcharaktere tatsächlich gelebt hat: der Bauer Anfinn aus Elduvík, der wohl 1575 geboren wurde. Sein Gegenspieler war das Meermännlein, das wie ein Mensch aussah, aber sehr viel kleiner war und lange Finger hatte. Das Meermännlein lebte am Meeresboden und trieb Schabernack mit Fischern, es stahl Köder und befestigte Angelleinen am Grund. Selbst war es zu geschickt, um sich fangen zu lassen, einmal aber hatte Anfinn das Meermännlein doch am Haken. Da zog er es hinauf, schlug das Kreuzzeichen über ihm und brachte es an Land, was in diesem Falle heißt: in unser Dorf, nach Elduvík. Bei uns gibt es also nicht nur Mundraub am Picknicktisch, es wurden auch Gefangene gemacht. Von nun an verwahrte Anfinn das Meermännlein bei sich in der Herdstelle. Wenn die Männer fischen gingen, musste es mit. Solange das Kreuz über ihm geschlagen wurde, konnte es nicht entkommen, miesepetrig war es deshalb aber noch lange nicht. Sobald die Männer über einen Schwarm Fische ruderten, begann das Meermännlein im Boot zu lachen und zu spielen, zuverlässig wie ein Echolot. Wenn es einen Finger ins Wasser hielt, machten die Männer besonders viel Beute; den Rest kann man sich denken, hohe Wellen, Brandung, ein vergessenes Kreuz, und schon war das Meermännlein verschwunden. Zweifelsohne lebt es bis heute am Meeresgrund und taucht eines Tages wieder auf, um sich die Statue anzuschauen, die als

Erinnerung an die Sage in unserer Bucht aufgestellt werden soll. Und wenn die erst einmal steht, gibt es höchstwahrscheinlich eine neue Briefmarke.

Am Morgen nach dem Überfall höre ich das Geräusch von Reifen auf Schotter, und das Postauto hält vor unserem Haus. Die Tür geht auf, die Postbotin ruft »Hey«, »Wie geht es?« und »Wir sehen uns«. Als ich mit dem Wäschekorb die Treppe hinuntergelaufen bin, liegt auf dem Fensterbrett im Flur eine Postkarte, die ein Schriftzug ziert: »Sylt die Insel«. Das Motiv, das ich in Händen halte, sind Schafe, die aussehen, als ob sie zehn Stunden in Perwoll gebadet und hernach einen Friseur aufgesucht hätten, bei dem es zum Haarschnitt Champagner und Sprühbräune gratis gibt. Sylt, wem Sylt gebührt, eine schöne Insel. Ich bin trotzdem lieber auf den Färöern, in Elduvík, da ist der Dresscode entspannter, für Schafe und Menschen. Niemand wird schief angesehen, weil er dreckige Stiefel, ein ausgeleiertes Shirt oder tagelang denselben Pullover mit Loch im Ärmel trägt – oder eben zotteliges Fell, in dem Schafkötel hängen.

Während ich die Postkarte in das Stoffmemoboard stecke, das an der Wand hängt, fängt es draußen an, zu knattern und zu brummen. Auf unserer Terrasse steige ich über die Lehne der Holzbank in den Grashang. Videonotiz, ein Hubschrauber surrt am Ortsschild vorbei, unter ihm hängt ein schwankendes Paket; Holzpflöcke, die die Piloten in die Berge fliegen, Eivind muss einen Zaun erneuern. Das Haus, das durch das Dorf rollt, steht auf der Ladefläche eines roten Tiefladers, ein komplett eingerichtetes Sommerhaus mit Gardinen in den Fenstern und Bildern an der

Wand, das an überdimensionalen Spanngurten aufgehängt und von einem Kran auf ein Betonfundament gehoben wird. Jeder, der im Dorf ist, filmt mit, das fliegende Haus von Elduvík, mit der Anmutung und Leichtigkeit eines Legosteines. Absenken, passt. Wieso nicht unkonventionell denken, wieso neu bauen, wenn das Haus bereits da ist? Besondere Umstände erfordern besondere Maßnahmen. Deshalb gab es in Elduvík auch zuerst einen Friedhof und erst 25 Jahre später die Kirche. »Líkhellan« steht auf einem Schild, das einen flachen Felsen markiert, der Leichenstein, an dem sich die Elduvíkingar von den Toten verabschiedeten, bevor die Särge über den Pfad, der an den Klippen entlangführt, nach Oyndarfjørður getragen wurden. Ein überaus gefährliches Unterfangen, das ein Ende nahm, als in den 1920er-Jahren der erste Grabstein auf dem Friedhof von Elduvík aufgestellt wurde.

Das Leben ist der sichere Weg zum Tod, da macht Elduvík keine Ausnahme. Gerahmte Schwarz-Weiß-Fotografien, die die Wände der alten Schule bedecken, Gesichter verflossener Stunden und Dekaden, dicht an dicht, einige leben, andere liegen auf dem Friedhof. Der Schlüssel dreht sich im Schloss, die Tür zum Haus, um das herum sich die Straße an der Bucht schlängelt, geht auf, Tische werden gedeckt, einmal mehr Brötchen, Marmeladen und Kuchen gebracht, Thermoskannen gefüllt. Nachbarschaftskaffeetrinken. Der eine, kleine Raum ist voll mit Menschen, die Gesichter an den Wänden schauen zu. Radiergummis, Papierkügelchen und Liebesbriefe, sagen ehemalige Schüler, seien an diesem Ort eher selten geflogen. Bevor der Unterricht begann, zogen sich die Kinder die Schuhe aus, sangen ein Lied und beteten, nach dem Unterricht schüttelten sie ihrem Lehrer die Hand. Eine Trennung nach Jahrgängen gab es nicht, ebenso wenig feste Plätze, stattdessen wurde rotiert, sodass jeder einmal vorne sitzen musste. Heimlich geküsst wurde nach Schulschluss, unten im Hafen, im steinernen Ausguck, in dem ich am Tag des großen Rauschens und der Riesenwellen gesessen habe – oder am Bach, dem auch ich nun folge.

An seinem Rand blühen Sumpfdotterblumen und zartlila Orchideen auf opulent grünen Wiesen. Ich steige über Erdspalten, in denen es gurgelt, balanciere barfuß über Felsen und halte die Füße ins Wasser; ein plätschernder und rauschender Mikrokosmos mit badenden Fliegen, quirligen Bachforellen, grauen Faltern und bemoosten Findlingen. Ein fantastisches Stück Elduvík-Welt, das ich als Dreißig-Sekunden-Telefonkameraschwenk und Akustikschnipsel verewige und zu meiner Bibliothek der guten Geräusche und Gefühle hinzufüge, die beständig wächst, Passage um Passage, wie ein epischer Liebesbrief, der so lange fortgeschrieben wird, bis er irgendwann in einem kleinen blauen Briefkasten landet. The Sound of Silence: Rufe von Möwen und unsere Bucht in einer Sommernacht, unter einer Decke aus getupften Wattewolken. Perlenspiel: Abertausend gläserne Tautropfen auf der Wiese vorm Fenster. Down to Earth: Regen, der von unserem Grasdach auf unsere Terrasse und einen Holzstuhl tropft. Ein wirklich freier Hund: Ring, mein Lieblingsdorfhund, eine Border-Collie-Hündin, die ich dabei filme, wie sie sich hinter unserem Haus grunzend im Gras wälzt und den Hang hinunter Purzelbäume schlägt. Dorothy: der Anfang und das Ende eines knallbunten Regenbogens über unserem Dorf. Herbstbraun: mit zu viel Oberhitze gebackener Streuselkuchen, mein Wollpullover und Pilze im Tal. Baum der Erkenntnis: Wintersturm, Nostalgie-Glaszapfen, die aufgereiht an einem roten Geschenkband im Küchenfenster zum Dorf hängen, und Weihnachten.

Standhaft. Unbeugsam. Entschlossen. Der Weihnachtsbaum an der Bucht kämpft. Seile spannen sich, Böen fahren in sein Nadelkleid und seine Krone, aber der Baum steht. Stolz trägt er den leuchtenden Stern auf seiner Spitze, beharrlich trotzt er dem Sturm, der graue Wolken über einen glanzlosen Himmel jagt. Zwei, drei Atemzüge trügerische Ruhe, dann der nächste Windstoß, heftiger als alles zuvor. Unbeirrt. Unermüdlich. Unerschütterlich. Der Weihnachtsbaum tanzt, jetzt erst recht, scheint er zu denken, schau, wie die Lichterketten an meinen immergrünen Zweigen funkeln, während ich mich biege und wiege. Du magst stark sein, Sturm. Aber ich bin stärker. Denn ich werde geliebt.

Der Sturm heult auf, wütet, brüllt, aber dem wispernden Weihnachtsbaum von Elduvík kann er nichts anhaben, denn es sind nicht nur die mit Eisennägeln im Boden verankerten Seile, die diese Tanne so stark machen. Der wahrscheinlich tapferste Weihnachtsbaum der Welt zieht seine Kraft auch aus dem Wissen um die Menschen, die in den Häusern an ihren Fenstern sitzen, nach draußen schauen und denken: Halte durch, lieber Weihnachtsbaum, hoffentlich bleibst du stehen! Du, der du uns Licht und Freude schenkst. Gerade jetzt, wo es tagelang nicht richtig hell wird und die Konturen der braungelben Bergrücken und langmähnigen, karamell- und kakaobutterfarbenen Grashügel zwar scharf sind, aber alle Farben sonderbar stumpf und fahl erscheinen. Bleib standhaft, Weihnachtsbaum von

Elduvík, weil wir drei Handvoll Menschen, die wir hören, wie der Regen über unsere Fensterscheiben peitscht; fühlen, wie der Wind mit Anlauf in unsere Wände kracht; sehen, wie der mäandernde Bach, der Ozean und die Dunkelheit anschwellen, während du dem Sturm trotzt, dich und alles, wofür du stehst, lieben.

Tags darauf ist der Sturm Vergangenheit. Heiligabend. Der Weihnachtsbaum von Elduvík leuchtet. Den ganzen Tag über ist das Dorf in Dämmerlicht getaucht. Als ob jemand den Lichtschalter am Himmel hätte aufdrehen wollen, nach dem ersten Viertel aber beschlossen hätte, lieber Marzipankartoffeln und Vanillekipferl von einem fremden bunten Teller zu stibitzen und in einer stillen Ecke genüsslich zu vertilgen. Nach dem Gottesdienst in der Kirche essen wir bei Jóhanna und Malvinus in großer Runde Ente und Gans und Kartoffeln und Rotkohl und geschmorte Äpfel und Backpflaumen und noch mehr Ente und noch zwei Kartoffeln und kalten Mandel-Sahne-Milchreis mit Kirschsoße und tanzen singend um den Weihnachtsbaum.

Nachts kann ich vor Aufregung lange nicht einschlafen. Auf Zehenspitzen schleiche ich die knarrenden Stufen unserer Treppe hoch. Von unserem Küchenfenster aus sehe ich, wie im Schein einer Straßenlaterne drei übrig gebliebene Gänse an der dunklen Kirche vorbeiwatscheln. Die Anzeige der Uhr an unserem Herd springt lautlos auf 4:51 Uhr. Stille Nacht. Unten in der Bucht schwappen Wellen auf Steine und den schwarzen Strand. Barfuß tapse ich ins Wohnzimmer, öffne die Terrassentür und stehe im Mondlicht. Kalter Wind spielt mit dem Saum meines Nachthemdes, am Himmel funkeln Sterne. Von irgendwoher kommt das Plätschern eines Wasserlaufs. Ein paar

Meter von mir entfernt liegt im Grashang ein Schaf. Wolkenfetzen huschen über den Mond. Ob das Schaf träumt, und wenn ja, wovon? Ich kann es nicht sagen.

fiskur [ˈfɪskʊɹ]

Über das Meer und die Tiefen

Am Anfang war die Schildkröte aus Sand. Zusammen mit einem Sandfisch, einem Sandseestern, einer Sandkrabbe, Harke, Schaufel und Eimer. Meine erste Begegnung mit dem Meer hatte ich als kleines Mädchen in Dänemark. An einem endlos langen Strand saß ich im warmen weißen Sand und buk mir die Welt, widdewidde wie sie mir gefällt; ganz im Sinne von Pippi Langstrumpf. Als ich damit fertig war, stand ich auf, ließ mir die Schwimmflügel aufblasen und verkündete, wie Pippis Vater (zuerst Schrecken der Meere, dann Südseekönig) Kapitän werden zu wollen. Und jetzt ist es tatsächlich so gekommen – wenn nur dieser alte Yamaha-Außenborder nicht wäre. Um ihn anzuwerfen, muss man am Starterseil ziehen, doch sosehr ich auch zerre und ziehe, bei mir springt der Motor wieder einmal nicht an.

Meuterei im schönen Monat Mai. Auf der Hafenmole ausgesetzt werde ich nicht, aber in den Bug verbannt, ein abtrünniger Matrose übernimmt das Starterseil und das Kommando, der soll mir mal nach Hause kommen. Ausfahrt zum Fischen, Angeln, das Fýramannafar tuckert über den Fjord. Ein traditionelles färöisches Ruderboot mit losen

Bodenbrettern; wie alle Boote dieser Art vergleichsweise leicht, wendig und mit Klinkerbeplankung; der eingebaute Motor brummt und thront über dem ausgeschnittenen Bootsboden auf einem Kasten in der Mitte, eine Konstruktion, die das Boot stabil hält; das Ruder sitzt am Heck und wird mithilfe eines Stricks ausgerichtet, neben den schmalen Riemen liegen unsere Angelruten. Für gewöhnlich sitzen wir zu viert im Boot: Poul Johannes, seine Tochter Amona, mein Mann und ich. Meistens beginnt unsere Bootssaison irgendwann im Mai und endet im späten Sommer. Das kennt man mittlerweile ja schon: je nachdem, wie das Wetter ist.

Dem Meer ist der Mensch egal. Es ist vor ihm da gewesen, in diesem Punkt sind sich Evolutionsbiologie und Altes Testament einig. »Am Anfang schuf Gott Himmel und Erde. Und die Erde war wüst und leer, und es war finster auf der Tiefe; und der Geist Gottes schwebte über dem Wasser.« Das Meer ist vor dem Paradies da gewesen, vor dem Sündenfall und dem Turmbau zu Babel. Es bedeckt mehr als siebzig Prozent der Erdoberfläche, ist das größte zusammenhängende Ökosystem der Welt und spricht viele Sprachen, nicht aber die der Landwesen, die es fürchten und zugleich verehren, aus verschiedenerlei Gründen. Quell des Lebens, Spiegel der Seele, Zimmer mit Meerblick, Popeye, tätowierter Anker, Riesenkrake. Seit jeher haben mich Seefahrt und Schiffe interessiert, auf den Inseln bin ich plötzlich mittendrin. Wenn ich Geburtstag habe, wünsche ich mir Ölzeug, ein Filetiermesser, Gummistiefel mit Neoprenfutter oder etwas, das ich Kampfgürtel nenne: ein Angelrutenhalter, den ich über meine gelbe Gummilatzhose schnalle.

Am ist anders als auf dem Meer. Da schwankt es, und man kann ertrinken. Allein unser Fjord ist an einigen Stellen neunzig Meter tief, deshalb trage ich grundsätzlich eine Rettungsweste, die bei Mann oder Frau über Bord automatisch auslöst. Die Küste sieht ganz anders aus, wenn man sie vom Wasser aus betrachtet. Unterhalb der Straße, die zu unserem Dorf führt, tun sich paradiesische Uferlandschaften auf, an denen wir mit unserem Boot vorbeifahren, vertikale Gärten Eden. Felswände, in denen, sobald sich die letzten kalten Sturmwinde verzogen haben, fleischig-dicke Pflanzenkissen hängen, auf denen Nordatlantische Eissturmvögel sitzen, *Fulmarus glacialis*. Die Färinger nennen die Flugakrobaten, die mit ausgestreckten Flügeln millimetergenau über Wellenkämme hinwegsegeln, Havhestar, Pferde der See. Vor Funningur, dem Dorf auf der anderen Seite unseres Fjordes, wird das Wasser größer und ändert seine Farbe. Bei den hängenden Gärten hat es smaragdgrün ausgesehen, ein bisschen weiter draußen ist alles graue Tusche.

Der Rand der Bordwand, der Bug, in dem ich sitze, der Vordersteven, der wie der Finger Gottes hinauf zum diesigen Himmel zeigt, wir: Alles hebt und senkt sich. Eine Zeit lang bahnt sich unser Boot seinen Weg durch das gleichgültige Geschwappe. Da, wo der Funningsfjørður aufhört und die Djúpini, die Tiefen, anfangen, machen wir an einer Boje fest und lassen die Angelrollen surren. Der Motor schweigt.

Allein schon der Name: Djúpini. Der Sund zwischen den Inseln Eysturoy und Kalsoy, der im Norden – dort schippern wir im Allgemeinen herum – zügig in den offenen Nordatlantik mündet. Eine fünfzehn Kilometer lange

Es war einmal ein sommergrünes Land, umspült vom Meer. Achtzehn Inseln, mehr Schafe als Menschen. Grasen mit Aussicht: Drangarnir und Tindhólmur.

Rechts: Die Färöer haben viele Farben. Auf der Insel Eysturoy lecken tintenblaue Wellen an der Mole von Toftir. Bunte Boote und Häuser leuchten unter einem weiten Himmel. Der Nationalvogel ist der Austernfischer, auf Färöisch Tjaldur, der mit dem orangeroten Schnabel.

Unten: Erdzeitalter, Vulkane und Gletscher haben die abenteuerlichen Landschaften geformt.

Unten rechts: In Gjógv. Schnee bedeckt die Gipfel und Klippen der wilden Inseln. Die Luft ist frisch und klar, weit weg von allen Metropolen dieser Welt.

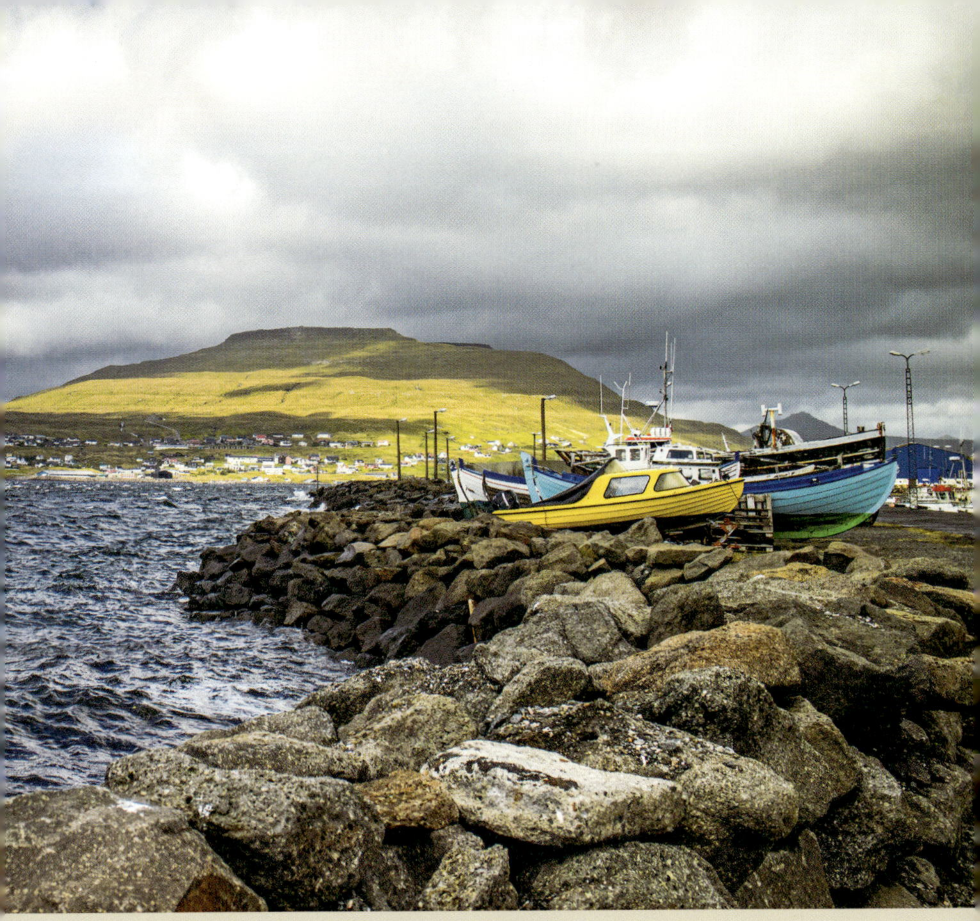

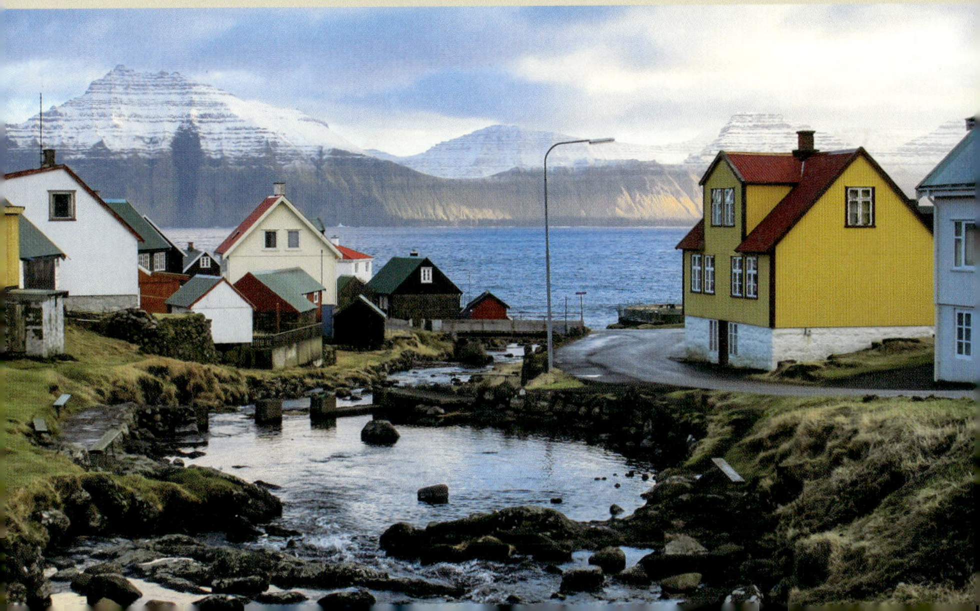

Rechts: Ein Sommernachtstraum in Elduvík. Der Bär von Kalsoy liegt auf der Wasseroberfläche und schläft.

Mitte: Die Jahreszeit, zu der es nicht richtig dunkel wird. Helle Nächte, fiebrige Stunden und ein Elduvík Mule auf unserer Terrasse.

Unten: Wetter ist immer. Fensterblick. Das kleine Dorf, das nicht wie jedes andere ist, unter einem Regenbogen.

Oben: Karamellfarbenes Gras im Winterlicht. Häuser schmiegen sich aneinander.

Unten: Vorfahrt Schaf. Auf der Straße, die am Fjord entlang bis nach Elduvík führt.

Die Färinger

Fischer Steintor

Malvinus aus Elduvik

Im Tal: Farmer Eivind

Kapitän Sonny

Maler und Ozeanruderer Livar

Am Fenster mit Malan

New Faroese Cuisine: Leif

Frida in ihrer Wohnküche

Mein Mann und Poul Johannes

Tjóðhild auf Nólsoy

Schafe auf den Färöern ...

... sind klein und leicht, überraschend stark und hart im Nehmen. Und sie müssen schwindelfrei sein, wie sonst könnten sie überallhin klettern?

Dorfleben

Schöpfung, Tag 1: Mein Feld

Kaisergranat, frisch aus dem Fjord

Bjarnis Fischer

In der alten Schule

Trockenfisch

Votivschiff und Altar

Das Piratenboot der Ferienkinder

Federn rupfen, das dauert.

Regen im Laternenschein

Heu machen

Poul Johannes mit Spaten

Oben: Wenn in dem Land, das unaufhörlich vom Meer umspült wird, das Gras lang geworden ist, werden die Schafe geschoren.

Mitte: Eine Gemeinschaftsaktion des Dorfes – mit interessiertem Publikum

Unten: Bügelscheren-Stillleben. Für die Schur mit der Hand braucht es Kraft, Umsicht und Zeit.

Oben: Wo die Wollberge wachsen.

Mitte: Ich mag alle Schafe um mich herum, die wilden, die ruhigen und die, die den Kopf schief legen, wenn ich sie kraule.

Unten: Pick-up-Pause. Gemütlichkeit am Pferch.

Wolle einsammeln

Jetzt steh ich schon seit Stunden hier ...

Am Ende eines langen Tages

... schneide und spreche mit Schafen.

Ein Archipel, auf der Weltkugel nicht mehr als ein Klecks im Nordatlantik. Vor Koltur knarzt auf dem Schoner *Norðlýsið* Eichenholz, Wind bläht das Segel.

Oben: Verkehrsmittel Hubschrauber. Oder man fährt
durch einen unterseeischen
Tunnel. Der neueste hat
sogar einen Kreisverkehr.

Links: Hauptstadt, blaue
Stunde. In der Marina von
Tórshavn spiegeln sich
Lichter und Boote.

Unten: Am Ende einer
kleinen Straße liegt hinter
einem Tunnel Gásadalur.

Oben: Am ist anders als auf dem Meer. Da schwankt es, und man kann ertrinken. Angeln am Rande der Djúpini; Eissturmvögel und Möwen warten auf Beute.

Unten: Die Küste sieht ganz anders aus, wenn man sie vom Wasser aus betrachtet. Vor Elduvík fährt unser Fýramannafar an der Gjógv und am alten Hafen vorbei.

Oben: Experiment Langleine. Mit Steintórs Kutter *Irdi* lassen wir Eiði hinter uns. Abends um halb zehn sind sechs Leinen im Wasser …

Unten: Saisonende. Mit der elektrischen Winde ziehen wir unser Boot ins Bootshaus. Der Motor, der bei mir nicht anspringen will, schweigt.

Feiern auf Färöisch

Ein Tag am Meeresgrund

G! Festival

Seemannstag

Der tapferste Weihnachtsbaum

Strickfestival

Hochzeit im Ruderclub

Der Beginn vieler schöner Dinge

Ólavsoka-Chor auf Tinganes

Silvester im Haus am Meer

Santa und die anderen

Elduvik, Campingplatzparty

Inselabenteuer und -entdeckungen

Es war einmal ein Fleckchen Erde, das unsere zweite Heimat wurde. Im Winter laufen Schafe durchs Dorf und entern das Piratenboot der Sommerkinder. Kein Stress. Keine Meetings.

Meerenge mit einem unterseeischen Loch, von dem ich höre, dass es 188 Meter tief ist und sich vor Oyndarfjørður befindet.

Stille auf dem Wasser ist anders als Stille an Land: Bei uns setzt sie ein, noch während der Motor läuft. Ein monotones Brummen, wenn er einmal angesprungen ist, jeder hängt seinen Gedanken nach, alle strahlen diese eigentümliche Zufriedenheit aus, die sich bei bestimmten Menschen einstellt, sobald sie in ein Boot steigen.

Was man beim Angeln können muss, habe ich nie verstanden, mal abgesehen vom Fliegenfischen. Ich habe mir erklären lassen, wie man die Bremse der Spule löst und feststellt, woran man kurbeln muss, und schon hatte ich meinen ersten Fisch. Ich sitze im Bug, knote unser Tau um das Schleimige der Boje, erspüre mit dem Angelhaken den Grund, und schon beißt etwas an; Leng, Scholle, Dorsch. Mit der Bojennummer komme ich zwei ausgedehnte Bootssaisons im Fýramannafar lang durch. Dann ist wieder Mai, und das selbstverordnete Jüngste Gericht naht. Kein von mir initiiertes Festmachen an irgendeiner Boje mehr. Diesmal sage ich bewusst nichts. Motor aus, die Angelspulen surren – und dann treibt unser Boot führerlos auf dem Wasser. Für mich der blanke Horror. Ich werde nicht seekrank. Für mich kann ein Boot rollen und stampfen, so viel es will. Nur treiben darf es nicht.

Wann das anfing, was der Auslöser war, weiß ich nicht. Ich weiß nur, was das Treiben mit mir macht und dass es um Ballast geht, den ich schon viel zu lange mit mir herumschleppe; Ballast, den ich loswerden will. Auf dem Chiemsee bin ich einmal von Bord eines Motorbootes gesprungen, während sich an Deck alle lustig sonnten, weil ich das

Treiben nicht länger ertragen konnte. Lieber bin ich hinterhergeschwommen, als mich diesem Gefühl auszuliefern, von dem ich weiß, dass ich ihm nach all den Jahren der Vermeidung gleich wieder begegnen werde, seiner hässlichen und fiesen Fratze. Achtung, fertig, los. Motor aus, Kontrollverlust an. Wir treiben. Herzrasen, mir wird übel, eine Welle aus Panik schlägt über mir zusammen. Am liebsten würde ich die anderen anschreien, ich kann aber nicht, ich bin wie gelähmt. Sieht das denn keiner, dass das Ufer rasend schnell näher kommt? Wir driften, wieso interessiert das niemanden, das ist doch gefährlich, unter Wasser sind vielleicht Schären, oder wir klatschen gegen einen Felsen an Land!

Wobei das Ufer, objektiv betrachtet, noch ein ganzes Stück entfernt ist, aber das spielt keine Rolle, mein Körper möchte weg, woandershin; ich aber nicht. Mag sein, dass ich kein Kapitänspatent habe, aber das Ruder aus der Hand nehmen lasse ich mir diesmal nicht, das war ja der Sinn der Sache: Diese Angst stehe ich durch. Beim ersten Mal glaube ich, sterben zu müssen. Beim zweiten Mal zwinge ich mich, mit dem Rücken zu den Djúpini zu sitzen, meine Angel anzustarren und tief und gleichmäßig zu atmen. Beim dritten Mal realisiere ich, dass dies das dritte Mal ist und ich immer noch lebe. Ein Fisch beißt, ein Vogel fliegt, unter einem gewaltigen Sonnenball treibt unser Boot über dickflüssiges Silber; wie zur Belohnung. Als ich Poul Johannes, der mit meinem Mann nachts auf unserer Terrasse sitzt und Pfeife raucht, von meinem Kampf erzähle, lacht er. Nicht, weil er sich über mich lustig macht, sondern weil er über vieles lacht, was andere aus der Fassung bringt; es ist seine Art, mit dem Leben umzugehen.

»Ich hatte mich schon gewundert, warum du immer an den Bojen festmachen wolltest«, sagt Poul Johannes und hebt sein Whiskyglas. »Gut gemacht. Auf dich. Und auf die Monster in der Tiefe.«

Bevor ich ins Bett gehe, suche ich mit meinem Fernglas das Wasser ab. Jetzt, wo ich die Bojen nicht mehr als Rettungsanker brauche, frage ich mich: Was machen die da überhaupt in unserem Fjord und weiter draußen – die Stangenbojen mit den orangefarbenen Fähnchen und die gelben Kugelbojen? Wozu sind die Bojen da?

Meer muss man immer horizontal und vertikal denken. Das Horizontale beschreibt die archaische, furchteinflößende und zugleich befreiende Weite. Eine bisweilen tranig-glatte und dann wieder wild schäumende Oberfläche, die sich endlos ausbreitet, wenn alle Ufer und Fixpunkte verschwunden sind – die Linie, um die herum Wellen stattfinden und auf der Boote fahren. Das Vertikale fängt in der Luft über dem Meer an, wo Regenbogen stehen, Nebelschwaden ziehen und Mantelmöwen und Eissturmvögel fliegen. Beim Senken des Blickes kommt erneut die Wasseroberfläche, als Erdgeschoss oder Nulllinie, und danach taucht die Linie ins Unsichtbare ab, am Kontinentalschelf vorbei und unterseeische Abhänge hinunter, bis in die tiefsten Gräben und dunkelsten Rillen.

Zwei Wochen nach meiner erfolgreich absolvierten Konfrontationstherapie bekomme ich eine erste Antwort auf meine Frage nach den Bojen. Das Display vor mir zeigt, was unterhalb der Bojen liegt: eine unterseeische Zone, in der es noch vergleichsweise viel Licht gibt. Es ist ein geteilter Bildschirm, auf den ich schaue: Links ist eine Karte des Fjordes mit unserer Position, dem Kurs und der Geschwin-

digkeit zu sehen. Rechts eine Grafik, die sich ständig verändert, Fischschwärme erscheinen als Piktogramme oder
Ansammlungen von Punkten, der Meeresboden wird als
rotes Band dargestellt, das flach daliegt oder in Zacken und
Wellen an- und absteigt, in 19,5–14,5–58,2 Meter Tiefe.

Im Hafen von Funningsfjørður hat mir Fischer und
Skipper Steintór, den ich gefragt habe, ob er mich vielleicht
einmal mitnehmen würde, Arbeitshandschuhe gegeben;
wir haben Kisten aus seinem Van geholt und sind in sein
Boot gestiegen. Ein Kutter, den Steintór, Jahrgang 1960 –
das konnte ich seinem Facebook-Profil entnehmen –, nach
seiner Schwester *Irdi* genannt hat. Nun sind wir auf dem
Weg zu seinen Bojen. Während der Fahrt unterhalte ich
mich mit Steintór, der mit kurzärmeligem Karohemd im
Steuerhaus sitzt und mich zufrieden und verschmitzt über
den Rand seiner Brille hinweg anschaut, eine Miene, ein
Blick, ein Gemütszustand, der mir typisch für ihn zu sein
scheint. Oder ich stehe an Deck und versuche, mir vorzustellen, was unter uns passiert. Eins muss man wissen: In
den sieben Meeren mit ihren Riffen, submarinen Gebirgen,
Armen und Engen geht es zu wie in einem Wimmelbilder-
buch, allerlei Getier schwimmt herum, jede Kreatur kämpft
um ihren Platz. *Nephrops norvegicus*, der hell- bis orangerote Kaisergranat, der zur Familie der Hummerartigen und
zur Ordnung der Zehnfußkrebse gehört, lebt im Nordatlantik, südlichen Atlantik, der Nordsee und dem Mittelmeer
in selbst gegrabenen Höhlen am Meeresgrund und gilt als
Einzelgänger, der ungern umzieht und frisst, was er kriegen kann – Seesterne, Würmer, Krebstiere und Heringskö-
der. Wir sind da. Steintór, der sich Ölzeug übergezogen hat,
fährt mit dem Boot an eine seiner orange beflaggten Stan-

genbojen heran (Marke Eigenbau, wie er mir sagt), hievt sie und das steinerne Gewicht an Bord, stellt den Motor in Leerlauf und schaltet die hydraulische Winde ein, die die Leine aus dem Wasser zieht, an der die Hummerkörbe hängen, viele gut gefüllt.

Früher, auf dem Gesellschaftsparkett der großen und lauten Stadt, habe ich mich oft gefragt, wofür sich die Menschen um mich herum wirklich interessieren, was sie beschäftigt und bewegt, wenn sie keine Scampi oder Hummer essen, keine Rolle spielen; bei wie vielen das Äußere mit dem Inneren auch nicht mehr übereinstimmte; bei wem zu Hause noch eine CD mit Meeresrauschen im Regal stand. Ungefähr zu dem Zeitpunkt, als verstärkt solche Überlegungen aufkamen, habe ich zum zweiten Mal »Moby Dick« und »20 000 Meilen unter den Meeren« gelesen; anschließend Kapitän Scotts »Letzte Fahrt«, Nansens »In Nacht und Eis«, zehn historische Reportagen über Abenteurer, »Navigation auf See« und »Die große Geschichte der Seefahrt«. Wie man einen um sich kneifenden Zwanzig-Zentimeter-Kaisergranat anfasst, der mit zappelnden Artgenossen in einem Hummerkorb sitzt, weiß ich trotzdem nicht. Steintór zeigt es mir. »Am besten, du packst ihn bei seinen großen Scheren«, sagt er, ein Ratschlag, den ich tunlichst befolge, sonst sind meine Arbeitshandschuhe und die Haut darunter womöglich ganz schnell durch.

Der Kaisergranat der Färöer, der in 20 bis etwa 500 Metern Tiefe seine Höhlen gräbt, ist überwiegend im Inneren der Fjorde zu finden, man hat ihn aber auch schon im Schelfmeer entdeckt. Südöstlich von den Färöern beschreibt der Meeresboden eine Welle, bevor 120 Kilometer weit draußen der Abhang beginnt, der den Grund schlussendlich in den Färöer-Shetland-Kanal stürzen lässt, ein bis zu 1500 Meter tiefer Graben. Nordwestlich von den Färöern sinkt der Boden gleichmäßig auf eine Tiefe von 200 Metern ab, nordwärts – Blickrichtung unser Wohnzimmerfenster – verläuft er in 400 bis 600 Meter Tiefe. Das Wasser, das die Inseln umgibt, hat eine Durchschnittstemperatur von acht Grad, seine Bewohner lieben das. Der braungelbe, gefleckte Atlantische Kabeljau mit dem weißen Streifen, der an meiner Angel hängt, wenn wir zu viert am Rand der Tiefen fischen. Die Atlantische Makrele, die vor den Inseln herumschwimmt und ein Tigermuster auf ihrem Rücken trägt. Kammmuscheln, die unter unserem Boot rhythmisch und kraftvoll ihre Schalen öffnen und schließen, Wasser ein- und auslassen und sich mittels Rückstoßprinzip durch die Tiefe bewegen; eine Art zielgerichtetes Hüpfen. Seeteufel mit riesigen Mäulern und scharfen Zähnen, die mich einmal bei einem Festival, dessen Name sinngemäß »Ein Tag am Meeresgrund« bedeutet und das Jahr für Jahr Anfang Mai in Tórshavn gefeiert wird, angestarrt haben. Glattrochen, Heringshai, gefleckte und gestreifte Seewölfe, ausgestellt auf Eis. Kreaturen, als wären sie der Offenbarung des Johannes entsprungen oder der Carta Marina – einer berühmten See- und Landkarte der nordischen Länder aus dem 16. Jahrhundert, die ich aus meinen Büchern kenne und auf der rund um die Färöer gehörnte und geflügelte Seeungeheuer ihr Unwesen treiben.

Der Mensch hält sich eher selten freiwillig im Nordatlantik auf; zu kalt, zu viele Monsterfische. Als ich an diesem Morgen vom Wasser aus meine türkisfarbenen Gummischuhe am Strand stehen sehe, entwachsen meinem Adrenalinrausch Palmen, unter einer lasse ich mir gleich ein

Schirmchen-Getränk servieren, irgendetwas mit Kokosmilch und Ananas, falls ich hier wieder heil rauskomme. Ich bin in der Bucht von Tjørnuvík, die ich zu meiner Badebucht erkoren habe, schlicht, um es getan zu haben. Reinlaufen, stoisch einen Fuß vor den anderen setzen – um die Knie und die Hüften herum ist es am schlimmsten –, untertauchen, die Kälte und die Freiheit der Entscheidung spüren und wissen, heute habe ich gebibbert, gelebt. Hoffentlich begegnet mir kein Monsterfisch. Normalerweise leben die weiter draußen, aber sicher ist das nicht. *Anarhichas lupus,* der Gestreifte Seewolf mit dem großen Kopf und dem langen, aalartigen Körper, der in einem von Steintórs Hummerkörben lag, kann mit seinem raubtierhaften Gebiss problemlos Gummistiefel knacken und Finger abbeißen, die ihm zu nahe kommen; wieso also nicht auch eine Zehe in einer Bucht?

Nachts, als ich durch den Flur laufe, blinkt der Leuchtturm von Kalsoy seine Botschaft über das trügerisch friedliche Meer, das bei genauer Betrachtung gar nicht blank ist, sondern in Streifen und Strömungsflächen unterteilt, über die das Licht huscht. Warnung und Geleit, damit der Seemann weiß, was vor ihm liegt: die lebensgefährlichen Färöer, die Inseln, vor denen sich auf dem Meeresboden gesunkene Schiffe stapeln, eben noch ein grelles »Land voraus!«, jetzt: nasse Gräber in der Tiefe. Dinge gehen verloren im Meer, werden fortgespült, Hoffnungen, Leben, ganze Schiffsbesatzungen. In der Erklärung zu einer Briefmarke, die der Seenotrettung gewidmet ist, stoße ich auf Folgendes: »Das größte Unglück auf dem Meer, von dem man auf den Färöern weiß, ereignete sich um das Jahr 1600. Damals kam von Nordosten plötzlich ein Sturm auf, und fünfzig Boote kehrten nicht mehr nach Hause zurück. Man schätzt, dass in diesem Unwetter 200 bis 300 Fischer umkamen.« Wie viele Menschen es insgesamt waren, die im Laufe der Jahrhunderte rund um die Färöer ertrunken sind, weiß man nicht, nur, dass es immer schrecklich gewesen sein muss.

Logbuch-Kritzelei: Meer, der vielleicht gefährlichste Arbeitsplatz der Welt. 1856 Abschaffung des königlichen Handelsmonopols auf den Inseln. Haupteinnahmequelle seit dem späten 19. Jahrhundert: Fischerei. Kapitäne: werden wie Götter verehrt. Morgen: Schiff besichtigen.

Sonny, der Kapitän, der bei uns im Dorf sein Sommerhaus hat, zeigt mir die *Enniberg*. Ein Heckfänger, ein etwa siebzig Meter langer und vierzehn Meter breiter Trawler, der im Hafen von Tórshavn darauf wartet, dass es wieder losgeht, dass er wieder rauskann auf See, nur Stunden noch, dann flattert die Flagge der Färöer. Im Moment saust vor der *Enniberg* ein Gabelstapler hin und her. Pakete mit gefrorenem Fisch werden verladen, auf die Verpackung gedruckt das Bild der *Enniberg*, das Schiff, das zu atmen scheint. Sonny, die leichte marineblaue Daunenjacke, die er meistens anhat, und sein Kapitänsbart gehen voran. Die Tour führt an mächtigen Ketten, rostigen Stahlseilen und aufgetürmten Netzen vorbei, die ich aus irgendeinem Grund anfassen muss. Küche, Proviantraum, Filetierstrecke und Sonnys Kabine folgen, an der Wand fest verschraubt eine Bibelstelle, Römer 11,36: »Denn von ihm und durch ihn und zu ihm sind alle Dinge. Ihm sei Ehre in Ewigkeit! Amen.« Im Aufenthaltsraum läuft ein Fernseher, neben der Tür hängt eine Weltkarte, über der »Heimur«

steht. Das färöische Wort für »Zuhause« lautet »Heim«, und wenn man »Welt« in der Landessprache sagen will, benutzt man »Heimur« – charmant, finde ich. Im Kühlhaus stapeln Männer, die Gummihosen und T-Shirts tragen, Pakete. In der Umkleide stecken Wollmützen und Handschuhe auf einer Art Trockenständer: dicke Metallrohre, durch die von unten warme Luft bläst. Anschließend erklärt mir Sonny die Joysticks und Bildschirme auf der Brücke. Hinter dem hohen Stuhl, von dem aus er wippend das Schiff befehligt, steht ein Laufband. »Du weißt ja, ich muss ab und zu etwas Sport treiben, sonst roste ich ein«, sagt Sonny. Dann verabschieden wir uns voneinander.

In den kommenden Tagen und Wochen verfolge ich am Computer den Kurs der *Enniberg*, die in der Grönlandsee mit 24 Mann Besatzung Jagd auf Schwarzen Heilbutt macht. »Marine Traffic« ist ein Service, mit dem man den weltweiten Schiffsverkehr durchleuchten kann. Position, Status, Geschwindigkeit, Art des Schiffes: Öltanker, Jacht, Trawler, Fähre – wobei manche Kategorie für mich nicht ganz nachvollziehbar ist. Die *Avalon* ist auf »Marine Traffic« eine Zeit lang als pinkfarbenes Symbol nördlich von Schottland mit Kurs auf die Färöer zu sehen. Und sie ist als »Pleasure Craft« gelistet, was Privat-, Sport- oder Vergnügungsboot heißen kann. Ob das ein Vergnügen ist, auf dem Nordatlantik mit einem Ruderboot unterwegs zu sein, darüber ließe sich streiten.

In Hvannasund, dem Dorf, in dem die Fähre ablegt, die durch Wellen stampft und Postsäcke, Lebensmittel und Passagiere auf die Außeninseln Svínoy und Fugloy bringt, treffe ich Livar, den Mann, der Skipper auf der *Avalon* war. Als ich an diesem verhangenen Sommertag auf Hvannasund zufahre, sehe ich sein Auto, sein Haus und den Sund, in dem sein Onkel ertrunken ist – und beinahe auch Livar selbst. Seine Mutter stand damals am Fenster und musste mit ansehen, wie die Kinder um ihr Leben kämpften, nachdem der Boden ihres Bootes aufgerissen worden war. »Wir sind über irgendetwas drübergefahren«, sagt Livar, und dass er sieben war und noch nicht schwimmen konnte. Sein Cousin rettete ihm das Leben, sein Bruder musste reanimiert werden.

Das Meer kennt keine Gnade, es lockt und ruft die Seinen, so lange, bis selbst einer mit einer Vorgeschichte wie Livar, der sich zudem überhaupt nicht fürs Rudern interessierte, mit 29 Jahren zu Kollegen in ein Ruderboot steigt – da hat das Meer ihn gehabt. Livar wird nicht nur mehrfacher färöischer Rudermeister, er will mehr, raus aus den Fjorden und Sunden, hinaus aufs offene Meer. Heute hält er fünf Weltrekorde im Ozeanrudern, allein und im Team.

In seinem Atelier, in dem es nach Farbe riecht und in dem Schafsporträts neben großformatigen Landschaften und gemalten Häfen hängen, frage ich Livar, den Maler und Abenteurer, was ihm das Meer bedeutet.

»Alles«, antwortet er. »Versteh mich bitte nicht falsch, ich liebe meine Familie, aber in einem winzigen Boot auf einem Ozean zu sein ist für mich absolute Freiheit. Du siehst Dinge, von denen andere Menschen nur träumen; ich erinnere mich noch sehr gut an das erste Mal, als ich einen Mondregenbogen gesehen habe. Da draußen existiert keine Lichtverschmutzung, die stört. Es gab Momente, in denen war der Ozean so ruhig, dass sich die Sterne im Wasser gespiegelt haben, das war, als ruderten wir durch das Weltall, als tauchten wir unsere Ruder in flüssige Sterne.

Und weil wir uns auf dem Ozean sehr langsam bewegten, kamen alle Tiere vorbei, um zu schauen, wer und was wir waren, Haie, Schildkröten, fliegende Fische, Albatrosse, Thunfische und Delfine. Wenn du in einem sieben Meter langen Boot sitzt, das 2000 Meilen vom nächsten Land entfernt ist, und fünf Meter vom Boot entfernt ein 25 Meter langer Blauwal schwimmt, fühlst du dich sehr lebendig und sehr klein.«

Der Blauwal ist womöglich das größte Tier, das jemals auf der Erde gelebt hat. Er ist ungefähr so lang wie eines der Flugzeuge von Atlantic Airways und so schwer wie 2000 flachsblonde Livars oder 33 ausgewachsene Afrikanische Elefanten. Der Blauwal, der mit seinen Barten Krill aus dem Meer filtert, bleibt besser im Wasser, unter anderem, weil sein eigenes Gewicht ihn an Land erdrücken würde; das Skelett des Blauwals ist für das Land nicht gemacht, so wie der Mensch nicht für das Wasser. Trotzdem zieht es ihn immer wieder hin, ans und aufs Meer. Das kann wunderbar sein – oder beinahe der Anfang vom Ende. Das Meer schert sich nicht um Landwesen, die sich auf ihm tummeln. Nicht einmal um jene, die Weltrekorde brechen und zu guter Letzt in 43 Tagen, 21 Stunden, 26 Minuten und 48 Sekunden von New York bis zu den englischen Isles of Scilly ruderten. Aus zwanzig Metern Entfernung, sagt Livar, habe die Welle noch wie jede andere in einem schweren Sturm ausgesehen. Dann schlug sie über dem Boot zusammen, das seitwärts kippte und in eine Drehbewegung geriet. Livar wurde aus seinem Sitz katapultiert und flog wie ein Tennisball durch die Luft, seine neun Meter lange Sicherungsleine spannte sich wie ein Schnipsgummi. »Vorwärts, los, komm, komm, komm!«, schrien die anderen drei Ruderer. Livar schwamm durch zehn Meter hohe Wellen und den tiefschwarzen Nordatlantik zurück zum Boot, kletterte hinein, und das Einzige, was er sagte, war: »I am not a fucking dog.«

Ich frage Livar, ob er keine Angst habe, irgendwann da draußen zu sterben. Er fasst sich, ohne es zu bemerken, an sein Oberarmtattoo – ein Kompass, eine Weltkarte, Wellen um ein Ruderboot – und erwidert: »Natürlich fürchte ich mich. Aber ich werde niemals zulassen, dass die Angst mich daran hindert, meinen Traum zu leben.«

Raskur: färöisch für mutig, hartnäckig, tatkräftig, verwegen. Ozeanrudern ist raskur. Seeleute im Allgemeinen sind raskur. Sie sind auf den sieben Meeren und in den Häfen der Welt zu Hause. Der eine, besondere auf den Färöern ist immer noch der von Tórshavn, der größte und geschäftigste Ankerplatz; der, in dem es nach Seetang, Segeltuchsonne, Werft und schwerem Wetter riecht. Der Hafen, der die Holzhäuser von Tinganes in seine Mitte nimmt und in dessen Buchten Boote aller Art liegen: Spaßboote, Ruderboote, Rettungsboote, Festrumpfschlauchboote, Containerschiffe, Kreuzfahrtschiffe, Trawler. Die *Dannebrog*, die schwimmende Residenz des dänischen Königshauses mit Königin Margrethe II. an Bord, eine mit flatternden Wimpeln geschmückte 78-Meter-Jacht. Im Hintergrund meiner Fotos sieht man die *Norröna*, aus deren Fährbauch mit Seefracht beladene Trucks an Land rollen. Die alte Stadt am Meer singt ihr Lied, in ihren Kneipen und Cafés sitzen die Crews der Segelschiffe und blond gezopfte Mädchen aus Schweden, die mit Seesack auf dem Rücken und Seebräune im Gesicht um die Welt trampen.

Ich kaufe mir an einem Junitag in Runavík in einem Geschäft, das ein Sammelsurium an Seefahrt- und Fischereibedarf bereithält, Bootsgummistiefel und trampe nach Island. Auch ich fühle mich raskur; bei einer Frau sagt man allerdings røsk.

»Fahr ruhig«, hat mein Mann gesagt, als ich ihm von meinem Plan berichtet habe, »und komm bitte heil zurück.« Für ihn ist das nichts.

Ein Freund von Birgir, der in der Schiffsindustrie arbeitete, bevor er beschloss, von nun an auf seinem Boot zu leben und durch die Weltgeschichte zu segeln – gerne durch nordische Gefilde, Norwegen, Färöer, Grönland und jetzt eben wieder Island –, hat sich bereit erklärt, mich mitzunehmen. In Tórshavn beziehe ich auf seiner holzgetäfelten Segeljacht *Pangey* mein Schlafquartier. An einem blauen Morgen fahren wir über die Djúpini und um 8:48 Uhr an Elduvík vorbei. Die Hügel, Berge und Klippen der grünen Inseln schrumpfen, verwandeln sich in eine blaugrüne Perlenkette, die wir hinter uns lassen; die Überfahrt beginnt. Wind bläht unsere Segel, die zwölf Meter lange Moody 42 Center Cockpit Ketch macht sieben Knoten, um uns herum nichts als weites, endloses Blau. Ich lerne, wie an Deck eine Leine zu liegen hat. Die Augen gewöhnen sich daran, Schiffe auszumachen, die weit entfernt vorüberziehen. Auf einem schwingenden Herd kochen, Abwasch und Zähneputzen bei Seegang. Terra incognita – weil ich überhaupt nicht segeln kann. Muss ich aber auch nicht. Der Freund von Birgir ist seit vielen Jahren als Einhandsegler unterwegs. Ihm hatte ich von meiner Liste erzählt.

Es gibt Dinge, von denen man glaubt, sie im Leben unbedingt einmal gemacht haben zu müssen, sie stehen auf imaginären oder geschriebenen Listen, die in Kartons liegen oder in Köpfen festsitzen; summende Lebensträume. Bei mir lautet einer: mit einem kleinen Boot ein großes Wasser überqueren, segelnd. Überfahrt: 45 Stunden und 255 Seemeilen. Erleben, wie die Kraft des Windes unser Boot über den Nordatlantik schiebt, von den Färöern bis nach Island. Nachts sinkt die Sonne vom Himmel und bettet ihr orangefarbenes Haupt auf die Horizontlinie. Nachdem ich ihr dabei zugesehen habe, bette ich meines in meiner Koje im Bug, gegen den die Wellen klatschen, und gerate in eine Art Flow. Nichts außer dem Jetzt und Hier existiert, nur wir, das Boot und der Ozean. Ich, nutzlos, einfach nur da. Der Einhandsegler, der allwissende Krake, der unserem Wasserpferd die Sporen gibt und schlafend hört, wie der Wind sich dreht.

Bevor wir uns nach knapp zwei Tagen im Daseins-Flow, von springenden Delfinen begleitet, der nebeligen Küste Islands nähern, überqueren wir noch den Rosengarten. Ein poetisch klingendes Stück gewellter Nordatlantik, das unter seiner Oberfläche Rotbarschschwärme *(rose fish, Sebastes norvegicus)* verbirgt, wie ich später nachlese, und Korallen, Trillionen mikroskopisch kleiner, festgewachsener Polypen, die in den kalten und dunklen Tiefen leben und mit winzigsten Tentakeln Plankton aus dem Wasser filtern. Die Eindrücke der Tage danach sind verschwommen. In einem kleinen Supermarkt einkaufen. Kochen. Zähneputzen. Selig schlafen. Nichts tun. An Deck sitzen. Da sein. Dann dem allwissenden Kraken und dem kleiner werdenden Boot zuwinken – der Einhandsegler hatte bis kurz vor seiner Abfahrt noch überlegt, ob er nun Island umrunden oder doch nur in den einen oder anderen abgelegenen Fjord segeln will. Ich steige in einen Mietwagen, fahre durch eine helle Nacht, halte auf dem Weg zum Flughafen Reykjavík um Mitternacht an der Gletscherlagune Jökulsárlón an und betrachte schwarz-grau gestreifte und blaue Eisberge, von denen ich weiß, dass ihr größter Teil dort liegt, wohin ich nicht schauen kann: in der Tiefe.

Darüber ist anders als darunter, zu Wasser und zu Lande, das gilt auch für die Färöer. Bei uns im Tal gibt es einen seltsam hervorstechenden Grashügel, über den die Geschichte umgeht, dass sich unter ihm ein gesunkenes Schiff befindet. Elfen haben es an Land gezogen, samt Goldmünzen; wer buddelt, ist verflucht. So einen Fluch wird man ganz schwer wieder los, er klebt an einem wie das Salzwasser an meiner Kameralinse oder wie der Geruch von Fisch an meiner Gummilatzhose.

Die trage ich auch, als wir den Schatz bergen. Den anderen, den, der sich in unserem Fjord unter den gelben Kugelbojen versteckt. Die Farm unter Wasser, ein am Rande der Djúpini auf dem Meeresgrund verankertes System aus Saatleinen, an denen Makroalgen wachsen. Augenblicklich wird eine Leine aus sechzig Metern Tiefe hochgezogen und von einem Kranarm quer über den Fischkutter gespannt, auf dem ich stehe, um Ernte und Arbeit der Unterwasserfarmer zu dokumentieren. Ein tropfender Vorhang aus Zuckertang tut sich auf, von dem ich mit einem Messer ein Stück abschneide und es gegen das diffuse Licht des Tages halte, das den Tang für einen Moment wie eine poppige Apfelsine aufleuchten lässt; ein Anblick schöner als jede Rose. Die blattartige Struktur des Zuckertangs, der zu den Braunalgen gehört, ähnelt der einer Wasseroberfläche, auf die man kleine Steine wirft, die verschwimmende Kreise ziehen; wie Entscheidungen oder sich ausbreitende Gewissheiten. Der Mensch kann eine Rose kaufen, aber niemals den Moment. Man kann einen Pool besitzen, auf dem man mit einem aufblasbaren blau-gelben Sessel herumschippert, aber keine Gletscherlagune, in der Eisberge schwimmen, und kein Meer.

Nachts blinkt der Leuchtturm von Kalsoy sein Licht über das Wasser, ich zähle eine Sekunde Flash White alle fünfzehn Sekunden. Im Dorf umschwirren Motten und Falter Laternen; sporadische, goldgelbe Funken, die in gedämpfte Lichtkegel hinein- und kurze Zeit später wieder aus ihnen herausflirren. Unser Boot haben wir aus dem Wasser gezogen, an den Haken gehängt und mit der elektrischen Winde hoch ins Bootshaus manövriert. Der Motor, der bei mir nicht anspringen will, schweigt.

Logbuch-Kritzelei: Letztendlich ist es gar nicht so schlecht, dass ich kein Kapitän geworden bin. Die *Enniberg* ist zurück auf den Inseln, Sonny war da und hat meinem Mann und mir in unserem Wohnzimmer Geschichten vom Meer erzählt, wie das ist, wenn er anderen auf hoher See ohne Betäubung Zähne ziehen muss, und von der Daumenkuppe, die er sich abgeschnitten und selbst wieder angenäht hat. Der hinzugerufene Seemann – Sonny: »Er sollte die Kuppe auf meinen Daumen pressen, während ich genäht habe« – sei in Ohnmacht gefallen. Mit geschlossenen Augen liege ich im Bett, höre das Meer rauschen und sehe Fische, Algen, Motten und Falter. Sonnys Daumen lasse ich aus.

hjólbøra [ˈtʃœuːḷ ḅøːɹa]

Die Rotwein-Utopie

Heute ist ein guter Tag. Wenn ich es mir recht überlege, war der davor auch schon einer. Auf der Fähre blieb der Obstkorb in der Kabine auf dem Tisch stehen, ich hatte mein Reisekissen dabei, auf dem ich immer so gut liege, und an Deck haben mein Mann und ich uns auf unsere Jacken setzen und sonnen können – obwohl Februar ist. Und heute fahren wir im fünften Jahr auf den Inseln über die Straße, die am Fjord entlangführt – und auf der es an diesem Morgen dermaßen stockdunkel ist, dass man den Fjord überhaupt nicht sehen kann –, bis zu unserem Dorf, leuchten mit einer Taschenlampe das Schloss an, fummeln den Schlüssel hinein, schließen das Haus auf und beginnen damit, uns einzurichten. Viel ist nicht zu tun, außer einräumen und staubsaugen. Weil es, als wir mit allem fertig sind, immer noch dunkel ist, legen wir uns noch mal für eine Weile ins Bett. Als ich wieder aufwache, schreitet vor dem Fenster ein frostiger Nachmittag voran. Ich ziehe mir meine türkisfarbenen Gummischuhe an und laufe auf den vereisten Holzbohlen unserer Terrasse Schlittschuh. Anschließend lese ich verschiedene Willkommensnachrichten im Messenger und einige Mails, die über meinen Blog eingegangen sind.

Franziska aus der Schweiz möchte die Zeit bis zu ihrem Master in Agrarmanagement auf den Färöern überbrücken und sucht einen Job bei einem Farmer. Lydia aus den Vereinigten Staaten fragt, ob ich jemanden kenne, bei dem sie auf den Inseln für unbestimmte Zeit umsonst wohnen kann; interessant. Eine weitere Mail stammt von einem ehemaligen Kollegen, der inzwischen offenbar für ein Unternehmen arbeitet, das Geld in der Reisebranche macht und für das ich gerne einen Text über die Färöer schreiben dürfe. Unter seiner Nachricht stehen allerlei Sätze, Bedingungen, die mit Rauten beginnen, Konditionen, der erste Satz lautet: »Es gilt das KLEINGEDRUCKTE (siehe Anhang).« Als ich den Anhang anklicke, ist es ein knallharter, vierseitiger Vertrag, der regelt, was das Unternehmen bekommt, was es alles damit machen kann und wie wenig es dafür bezahlt; letztendlich sollen die Inseln für Werbung verramscht werden. Ich schreibe zurück, was ich davon halte (NICHTS). Mein ehemaliger Kollege antwortet, dass das heutzutage so üblich sei. Danach ist unser Treffen im virtuellen Raum beendet, und jeder geht seiner Wege. Was er macht, weiß ich nicht. Mein Mann und ich entnehmen unserer Gefriertruhe, die im Waschmaschinenraum steht – einmal mehr war der Türrahmen abgeklopft und so lange gezirkelt worden, bis es passte –, eine größere Menge Fisch, dem Schrank einige Flaschen Rotwein und fahren rüber zu Poul Johannes und Frida; es wird ein Gelage in größerer Runde.

Zum Abendessen gibt es selbst gefangene, knusprig gebratene Scholle, Pellkartoffeln, Wirgefühl, Gespräche über

Weltpolitik und Staaten, Umarmungen und, als die Zeiger der Uhr auf halb elf zugehen, Rotwein-Utopie: Was wäre, wenn – die Welt da draußen morgen zusammenbrechen würde, sage ich, »dann säßen wir immer noch um diesen Tisch herum, der in einem Haus auf einer Insel im Nordatlantik steht, vor dem Fenster würden Schneeflocken auf Schafe, Dächer, Bootshäuser und die Wetterfahne der Kirchturmspitze rieseln, und wir hätten es gut, denn wir könnten uns selbst versorgen, ganz ohne global und Geld und Supermarkt. Nur eine Kuh müsste her, damit wir Butter und Joghurt machen können. Woher kriegen wir die Kuh?«

»Kein Problem«, sagt Poul Johannes, »ich kenne da jemanden.« Ratzfatz hätten wir eine Kuh und Poul Johannes eine neue Aufgabe: Kuhbetreuung. Applaus. Ich verkünde, das Anlegen eines Rhabarber-, Kartoffel- und Rübenfeldes zu übernehmen, einer muss sich schließlich um das Grünzeug kümmern, darum, dass alles anständig wächst, damit etwas auf den Tisch kommt an einem Montagabend wie diesem, ganz ohne global und Kreditkarte, so wie damals, bevor alles angefangen hat mit dem Geld.

Ich kann mich nicht daran erinnern, dass Snoopy, der jahrelang auf meinem Bett im Kinderzimmer gesessen hat, jemals Geld hatte oder brauchte. Oder dass Ernie und Bert in Mr. Hoopers Laden, der sich bis heute im Erdgeschoss meines aufklappbaren »Sesamstraßen«-Hauses befindet, auch nur ein einziges Mal hätten bezahlen müssen. Aber ich weiß, dass ich irgendwann Taschengeld hatte, von dem ich mir Zuckergummischlangen kaufte und später Kassetten. Ich weiß, dass es eine Zeitrechnung ohne Geld gab und dann eine mit Job, Kontoauszügen und Auto. Sobald man in der Lage ist, sich Gedanken über das Konzept Geld zu machen, wird man es nicht mehr los. Es sei denn, man befindet sich in einem kleinen Dorf auf den Färöern und leistet Widerstand, indem man so viel wie möglich mit Freunden und Nachbarn teilt und tauscht.

Versorgungskreise von Menschen, die sich gegenseitig beschenken und unterstützen, gibt es überall auf den Inseln. Das hat Tradition, macht Spaß und heißt Gerðabýti. Neben färöischen und dänischen Kronen die dritte Währung. Dabei geht es nicht um ein stures Aufrechnen von Leistung und Gegenleistung, sondern immer auch um die Freude am Geben selbst. In etwa so: Heute helfe ich dir, dein Haus zu streichen, und morgen gibst du mir vielleicht etwas von deinem Rhabarber oder Fisch ab, nicht aus Zwang, sondern weil es dir ein Bedürfnis ist. So wie es mir ein Bedürfnis ist, dir zu helfen, weil mir klar ist, dass deine Fassade vor dem nächsten Regen sonst nicht fertig wird; da überlegt man nicht lange, da packt man mit an. Und hat dank Gerðabýti bald eine Gefriertruhe, die besser sortiert ist als manche Fischtheke. Ganz zu schweigen davon, dass man mit Sicherheit sagen kann, aus welcher Ecke der kühlen, salzigen Nordmeere der Fisch kommt, wie das Schiff heißt, ob der Kapitän einer ist, der in jungen Jahren regelmäßig seekrank wurde (Sonny), mit wem der Skipper verwandt ist, wie die Saison gelaufen ist und wann der Fisch gefangen wurde, ob er auf dem Deck eines Trawlers landete oder ob er mit einer Angel in ein kleines motorisiertes Ruderboot gezogen wurde.

Zehn Tage nach dem Gelage – ich bin gerade von einem Spaziergang im Tal zurückgekehrt, bei dem ich mit einem

Gummistiefel in einem halb gefrorenen Schlammloch stecken geblieben bin; mein Mann ist nach Tórshavn gefahren – geht die Tür auf. Eivind ruft »Hallo«, zieht sich im Flur die Jacke und die Schuhe aus und kommt mit einem Karton die Treppe herauf, unter seinem Arm klemmt etwas, das aussieht wie ein riesenhafter Tischtennisschläger. Ich koche Kaffee und hole die Rhabarbermarmelade aus dem Kühlschrank, das Mitbringsel einer Freundin. Das Einmachglas hat sie mit einem Aufkleber verziert. Ein Blumenrankenkreis, in dessen Mitte eine spitzbübisch lächelnde Maus steht, die einen roten Pullover trägt. Eivind liebt Marmelade, bevor er sich aber ein Brot schmiert, zeigt er stolz seine Beute. Der Karton, den er mir mit den Worten »Für euch« überreicht, ist bis zum Rand mit rosaroten Shrimps gefüllt. Sein Bruder war fischen. Die stattlichen Garnelen sind bis vor einer Woche noch an der nördlichen Packeisgrenze umhergeschwommen. Der Tischtennisschläger in Übergröße entpuppt sich als gefrorene Flunder, die, solange sie lebte, Muscheln und Würmer vor Svalbard gejagt hat.

Eivind erzählt mir die Geschichte von dem Färinger, der in den Neunzigerjahren auf Spitzbergen als Trapper gelebt hat, fernab jeglicher Zivilisation, wie man das so macht als Trapper. Um von seiner Hütte zum einzigen Shop zu gelangen, der sich zu jener Zeit in Longyearbyen befunden hatte – der Gemischtwarenladen, in dem sich die beiden Färinger damals begegneten –, musste der Trapper stundenlang mit einem Motorschlitten über einen Berg fahren.

Gemeinsam kommen Eivind und ich zu dem Ergebnis, dass einsam sein zwar schön ist, aber so einsam nun auch wieder nicht. Auf Dauer macht dich das wahrscheinlich ein bisschen verrückt. Einen Moment lang starren wir in die

Holzscheite, die im Kamin knistern, und hängen unseren Gedanken nach. Dann fällt mir etwas ein. Ich frage Eivind, der früher selbst zur See gefahren ist und einen Anteil an einem Trawler besessen hat, bevor er sein Geld in Land und Schafe investierte, ob er schon einmal Fischstäbchen gegessen habe und Käpt'n Iglo kenne. »Fischstäbchen nein, nur Fish and Chips. Und wer ist Käpt'n Iglo?«, fragt Eivind interessiert. Ich klappe meinen Laptop auf, google und präsentiere Eivind einen Werbeclip. Schiff, Käpt'n, Kinder, Piraten. »Aha«, sagt Eivind und grinst, noch verschmitzter als die Maus auf dem Einwegglas. »Wenn's hilft.«

Ich klappe meinen Laptop wieder zu, schaue Eivind an und sage ihm, dass ich finde, dass er der perfekte Käpt'n Iglo wäre. »Soso. Aber ich stehe leider nicht zur Verfügung«, antwortet er und grient.

Nachdem er gegangen ist, kommt mir wieder ein Gedanke: Die Inseln haben meinen Umgang mit Lebensmitteln ganz schön verändert. Ich laufe runter in den Waschmaschinenraum, klappe den Deckel der Gefriertruhe hoch und stoße auf Pakete und Tüten mit Dorsch, Heilbutt, Scholle, Lachs und Lamm. Fish and Ribs, nichts davon ist gekauft. Die Neudefinition von Nachhaltigkeit und Werten: Zu meiner Hoch-Zeit als Karriere-Stadtkind bin ich ins KaDeWe gefahren und habe – ohne weiter darüber nachzudenken – in der Feinkostabteilung Antipasti und Krabbensalat in Fünfzig-Gramm-Plastikschälchen und weit gereiste Fischfilets gekauft. Auf den Inseln praktizieren mein Mann und ich, sooft es geht, die Kunst des Schenkens, Teilens und Tauschens. Mit ihr verhält es sich in etwa wie mit den Jahreszeiten: Viele Termine sind gesetzt; sie folgen dem Rhythmus der Natur.

Frühjahrs bin ich zusammen mit Eivind im Pferch. Jedes Schaf, das wir einfangen, bekommt eine Ohrmarke. Eivind hält die Lämmer und die Zange, ich schreibe die Liste. Nummer, Farbe, männlich oder weiblich, die interne Schafstatistik. Niemals dürfen zu viele Schafe auf einem Stück Land gehalten werden, das ist per Gesetz geregelt, damit jedes Schaf die Chance hat, genug Futter zu finden. Die Zahl der Schafe auf den Färöern muss konstant bleiben, weil man eine Insel oder gar den Archipel nicht erweitern kann und die Schafe sonst verhungern.

Stadt ist anders als Dorf und Insel. In der Stadt liegt das Fleisch abgepackt im Supermarkt. Auf der Insel helfe ich bei dem Teil, der davor kommt: Schlachten. Im Oktober, wenn sich die Grashänge mit jedem Tag ein bisschen brauner färben, werden die Schafe aus den Bergen ins Tal getrieben – eine Gemeinschaftsaktion des Dorfes, wie das Scheren im Sommer. Im Pferch werden sie von ihren Besitzern sortiert, und dann finden die Hausschlachtungen statt. Die Farmer setzen den Bolzenschuss und schneiden den betäubten Tieren blitzschnell den Hals auf. Supermarktfleisch ist sauber, bei der Hausschlachtung fließt Blut, das mit Eimern aufgefangen und umgerührt wird, damit es nicht gerinnt und später zu Blutwürsten werden kann; nichts soll verschwendet werden. Ich halte einen Wasserschlauch in der Hand und bin für das Durchspülen der Därme und das Auswaschen der Mägen zuständig.

Das erste und einzige Mal, dass ich vor den Färöern gesehen habe, wie ein Tier geschlachtet wird, war als Reporterin. Für einen Bericht über einen Sternekoch verbrachte ich nicht nur Zeit in seiner Restaurantküche, ich besuchte auch den Hof, von dem er sein Fleisch und Gemüse bezog.

Der Bauer tötete eine Ente; auf den Boden tropfte rubinrotes Blut, das ich beklommen anstarrte und bei dem ich unwillkürlich an Stillleben alter Meister denken musste. Schlachten bedeutet Tod. Ich esse Fleisch. Ich finde, dass ich beim Schlachten in Elduvík dabei sein sollte. Ich finde, dass jeder, der Fleisch isst, einmal beim Schlachten dabei gewesen sein sollte. Um anschließend zu entscheiden, ob er oder sie weiterhin Fleisch isst, und wenn ja, wie oft und welches. Färöisches Lamm habe ich im Supermarkt nur selten gesehen, das allermeiste wird privat verkauft; oder verschenkt, geteilt und getauscht, die dritte Währung eben.

Gerðabýti ist älter als jede Gefriertruhe auf den Inseln; Selbstversorgung der Kern, der Ursprung, ohne sie hätte der Mensch die Färöer nicht besiedeln können. Nicht die Nachfrage steht im Vordergrund, sondern die Verwendung dessen, was da ist. Mein Mann und ich helfen Eivind beim Hühnerschlachten und bekommen sechs allerbeste Biohühner: Ihr Leben lang sind sie auf einem riesigen Stück Land frei herumgelaufen. Wie die Gänse, die sich in der neuen Geflügelrupfmaschine drehen. Eine mit Noppen – Rupffingern – bestückte Trommel, die in einem ebenerdigen Mehrzweckraum steht und in die wir jeweils eine geschlachtete Gans legen, die zwischen den Rupffingern rotiert. Richtig gut funktioniert die Gerätschaft aber nicht. Also rupfen wir die Tiere doch wieder mit der Hand. In einem Kessel mit dampfendem Wasser schwimmt eine geschlachtete Gans, die ich mit einem Holzstab umrühre, die Temperatur kontrolliere ich mit einem Thermometer. Das Wasser darf weder zu heiß noch zu kalt sein, sonst lassen sich die Federn nicht rupfen. Eine Feder nach der anderen, da ist nichts mit schnell und Geld gegen Gans, das dauert seine Zeit. Wie lange? Genau so lange, wie es dauert. Oder man sagt: zwei Kellen Insel-Zeitrechnung.

Kleine Gemeinschaften sind eine Welt für sich, erst recht, wenn sie sich auf einer Insel befinden, die immer mehr ist als eine geografische Tatsache, da schwingt alles Mögliche mit: Goethe auf Sizilien und Gauguin auf Tahiti; eine Insel mit zwei Bergen; Robinson, Atlantis und Thule; the Iron Islands; reif für die Insel; Lord of the Flies. Insel, ein von Wellen umspültes, begrenztes Gebiet, Laboratorium für Fiktion und Raum der Möglichkeit, der uns zum Anhalten zwingt. Und dann warten wir, auf einen Freitag, eine Flaschenpost, ein Stück Treibholz; ein Beil, einen Kapitän Nemo, einen Kaugummi; einen Sonnenaufgang, einen Nepomuk oder ein Sturmfeuerzeug; einen Fernsehsessel, eine Gummiente, eine ordentliche Matratze; Zuckerwatte, Duschgel oder ein Stück Seife; Wechselunterwäsche, ein Flugzeug, einen Wilson-Volleyball; eine Eingebung, ein Satellitentelefon, einen Campingkocher; die Umsetzung eines seit Längerem gehegten Planes oder auf ein Schiff – die Fahrt mit der Fähre von Tórshavn hinüber nach Nólsoy dauert gerade einmal zwanzig Minuten.

Eine kleine Insel und ein Dorf, das wie die Insel heißt. Bunt durcheinandergewürfelte Häuser, die im beschlagenen Licht eines konturlosen Sommertages näher kommen. Die Fähre passiert die Mole und fährt in den Hafen ein, in dem sich der Ständer befindet. Keiner für Fahrräder, sondern einer, in dem hochkant Schubkarren stehen, die man sich ausleihen kann. Nach Gebrauch bitte möglichst schnell zurückstellen und die Metallriegel, mit denen die Stangen und Griffe fixiert werden, zuschieben, damit der

Wind, falls er vorbeikommt, die Schubkarren nicht weg-
weht, informiert ein Schild. Tjóðhild, die mit wippendem
aufgetürmten Dutt und einem Leoprint-Rucksack auf dem
Rücken neben mir läuft, schiebt eine blau-gelbe Schubkarre mit aufgemaltem Superman-Logo die Straße entlang,
es riecht nach Regen, Meer und nasser Erde. Auf die Karre
hat sie Zehnerpacks Milchkartons geladen. In dem alten
hagebuttenroten Haus mit den wandgroßen weißen Sprossenfenstern, in dem wir wenig später sitzen, stehen auf
Fensterbänken wieder Milchkartons. Diesmal aufgeschnit-
tene, aus denen – mit Blick auf Bojen und Fischkutter im
Hafen – Pflanzen wachsen, an denen Chilis und kleine
Tomaten hängen. Noch sind sie nicht reif, aber sie wachsen, wie die Ideen, die über Nólsoy am Himmel stehen, ein
unsichtbares Meer aus Luftballons.

»Vieles ist möglich auf einer kleinen Insel«, sagt
Tjóðhild. »Du willst einen Swimmingpool hinterm Haus?
Nimm deine Schaufel und fang an zu graben. Und schon
tauchen vier Dorfbewohner mit ihren Schaufeln auf und
graben mit.« So ist auch der Schriftzug auf den Hügel von
Nólsoy gekommen, »Nóllywood«, drei Meter hoch und
26 Meter lang. Ein Gemeinschaftswerk von Filmstudenten
und Dorfbewohnern, das jeden Winter ab- und im Frühjahr wieder aufgebaut wird – auf Nólsoy ist mehr Wind als
in Los Angeles.

Unter dem Nóllywood-Sign wird allerhand selbst gemacht und ausprobiert: Brennnessel-Pizza, Algen-Lakritz-
Eiscreme, Chilisoße, Vogelmieren-Pesto und »Volunteer
for a waffle«. Da kann man, wenn man kein Geld oder einfach Lust hat zu helfen, Hühner füttern, Teller abwaschen,
Zwiebeln schneiden, Kartoffeln ernten oder eine Bank

streichen, und dafür gibt es im Gegenzug umsonst eine Waffel mit Schlagsahne, Rhabarbermarmelade und Kardamom. Tjóðhild weiß, wie man die Waffeln backt, sie kann mit Speiseresten Kleidung färben, ein Café führen und kennt sich mit Hühnern aus, obendrein lehrt sie an der Universität in Tórshavn Statistik und organisiert Veranstaltungen – wer sagt denn, dass man sich festlegen muss? Ein Inselphänomen. »Ich glaube, wir Färinger machen viele verschiedene Dinge gleichzeitig, weil uns die Inseln die Möglichkeit dazu bieten«, sagt Tjóðhild, als ich sie danach frage. »Wenn man ein Interesse hat, ist es einfach, in diesem Bereich zu arbeiten oder etwas zu erfinden. Wir sind ja nicht so viele.«

Während die Fähre zurück nach Tórshavn schaukelt, stelle ich mir vor, wie alle Menschen, die auf den Färöern leben, gleichzeitig im Berliner Olympiastadion sitzen und das Stadion immer noch nicht voll ist – angenehm. Die Rotwein-Utopie fand Tjóðhild gut und dass aus meiner Eingebung, ein Rhabarber-, Kartoffel- und Rübenfeld anlegen zu wollen, ein Plan geworden ist. Pferdemist soll ich mir besorgen und unter die Erde mischen. Ruhen lassen, pflanzen, und dann wächst etwas. Demnächst. Vielleicht. Ich hab Zeit.

Manamana. Glücklich mit Schneckenschleim. Zwei Wochen nach meinem Besuch bei Tjóðhild stehe ich unweit der Brücke, die den Sund zwischen Eysturoy und Streymoy quert, in einem Baucontainer. Draußen scheint die Sonne auf Fender, Möwen und Taue, drinnen ist es kalt. Der Metallboden und die Matten, über die ich mit meinen Gummistiefeln laufe, sind rutschig. Von der Decke des Containers baumeln Neonröhren und ein Radio. An der Wand vor mir hängen Zangen, Messer und Blechwannen, in die ich mit beiden Händen Brei aus Schleim und Schalen schaufele; aufgeknackte Schnecken und Muscheln, die Köder. Experiment Langleine, eine Idee Steintórs. Vom Boden wuchte ich große, runde Plastikbehälter auf die Arbeitsfläche, darin liegen die Leinen. Seit einer Ewigkeit wurden sie nicht benutzt, was zur Folge hat, dass einige von ihnen total verheddert und verknotet sind. Dieses Chaos gilt es zu entwirren, unbrauchbar gewordene Haken müssen durch neue ersetzt und die Leinen nach einem bestimmten System und im Uhrzeigersinn zurück in die Behälter gelegt werden. Auf jeden Haken pikse ich einen Köder. Zehnmal Schneckenschleim oder Muschel und dann ein Stück Hering, der gefroren zu sein hat, sonst lässt er sich nicht auf den Haken schieben.

Die meiste Zeit arbeite ich allein im Container vor mich hin. Mein Telefon habe ich zwar mitgenommen, aber auf leise gestellt. Selbst wenn es klingeln würde, anfassen könnte ich es sowieso nicht, und in den Pausen, die ich mache, finde ich keinen Gefallen daran, mich mit ihm zu beschäftigen. Lieber ziehe ich mir umständlich die dünnen Gummihandschuhe aus, schnappe mir einen Hocker und setze mich in die Sonne ans Hafenbecken, in dem eine Eiderente ihren Küken Schwimmunterricht gibt. Manamana, bevor es zurück in den Container geht; niemand, der mich hetzt. Nach zwei Tagen habe ich drei Leinen geschafft, 300 Haken pro Leine, und mein Daumen fühlt sich taub an. Mit dem Kutter fahren Steintór, mein Mann und ich unter der Brücke hindurch und an Eiði vorbei. Abends um halb zehn sind sechs Leinen im Wasser. Eine halbe Stunde nach Mitternacht – während vor einem orangeroten Horizont Schattenspielmöwen fliegen und ein halber Mond zuschaut – holen wir sie wieder ein. Mit mittelmäßigem Erfolg, weil sich zwei Leinen beim Abrollen verheddert haben – sicher nicht die, die Steintór übernommen hat, das kommt davon, wenn man Laien ranlässt.

Als ich am nächsten Vormittag Frida besuche und ihr von dem Leinenkuddelmuddel berichte, nimmt sie mich lachend in den Arm, und zusammen sind wir eine Insel, unsinkbar. Nachdem wir uns wieder losgelassen haben, setzen wir uns mit unseren Kaffeetassen in die Sofaecke. Ich frage Frida, ob sie als Kind auch so gerne die »Sesamstraße« geschaut habe, mit der ich ja sozialisiert worden bin. Manamana; die Puppen und der Song machen mir bis heute gute Laune.

»›Sesamstraße‹? Kenne ich nicht«, antwortet Frida. »Als wir 1981 einen Fernseher bekommen haben – die waren damals sehr, sehr teuer –, war ich zehn Jahre alt. Eine Riesensache, wir schauten Donald-Duck-Cartoons, Laurel und Hardy und Charlie Chaplin. Später, als ›Dallas‹ und ›Dynasty‹ liefen, waren die Straßen jedes Mal wie leer gefegt, das hat jeder geschaut.«

Frida ist in Klaksvík aufgewachsen. Manche sagen, die heimliche Hauptstadt des Nordens, auf alle Fälle der Fischereihotspot auf den Inseln, wenn man sich für einen entscheiden müsste; jede Menge Möwen, Boote und Anker. Unten am Hafen stehen in einer langen Reihe Schuppen. Ich sehe Frida, wie sie als Kind von Tür zu Tür geht und fragt, ob sie für den einen oder anderen Fischer das zeitaufwendige Bestücken einer Langleine übernehmen kann. Dafür habe sie siebzig Kronen bekommen, erzählt Frida,

»eine Menge Geld, von dem ich mir eine Menge Süßigkeiten kaufen konnte. Eine kleine Tüte kostete fünf Kronen. Lakritz und Gummibonbons mochte ich am liebsten.« Wir fachsimpeln ein wenig über Haken und wie man sie und die Leine in den Korb legen muss, damit sich beim Auswerfen nichts verknäuelt. »Ich war auch nicht besonders gut im Langleinenbestücken«, sagt Frida, »Für eine habe ich drei Stunden gebraucht. Als Köder haben wir Makrele und Tintenfisch benutzt. Tintenfisch hat man nicht gegessen, das war Lockmittel.«

Steintór kann Tintenfische nicht leiden, weil sie ihm die Köder aus seinen Hummerkörben stehlen, sagt er. Ich beuge mich vor, um ihn zu verstehen; dieses Mal rollt und schlingert die *Irdi* vor Funningur auf unserem Fjord. Steintór steht an der Winde. Mein Mann, der einen Färöerwollpullover und eine orangefarbene Gummilatzhose trägt, sortiert den Kaisergranat nach Größe und setzt die mit frischen Heringsködern bestückten Körbe zurück ins Wasser, während Steintór das Boot fährt – ein eingespieltes Team. Ich staune und ärgere mich ein bisschen, bleibt mir doch nichts anderes übrig, als zuzuschauen und zu witzeln: »Hilfe, mein Mann ist ein Fischer!« Der Wind wird schärfer, ungewöhnlich schneidend für August, über Funningur zieht eine Regenfront auf. Binnen Minuten ist alles grau, und es gießt wie aus Kübeln. Das Foto muss ich trotzdem machen: im Vordergrund ein Hummerkorb, aus dem die Arme eines Oktopus ragen, dahinter Steintór in orangefarbenem Ölzeug mit Geisterbahn-Erschrecker-Miene unter der tief sitzenden Kapuze und mein Mann, der pitschnass und gut gelaunt nach dem nächsten Korb greift – und am selben Abend Kaisergranat und Oktopus serviert, aus dem

Ozean und dem Wolkenbruch frisch auf den Tisch. Als ich nach dem Essen und vorm Zubettgehen auf das Barometer schaue, das an der Wand im Wohnzimmer hängt, steuert die Anzeige auf Dauerregen zu. Man könnte sagen: Es regnet sich ein. Dann macht man es sich eben gemütlich.

Machbarkeitsstudie: Am Nachmittag des vierten Regentages sitze ich im Schein der Leselampe im zerknautschten Relax-Sessel und sinniere einmal mehr über die Rotwein-Utopie. Was wäre, wenn – die Welt da draußen morgen zusammenbräche, dann würden wir uns selbst versorgen, ganz ohne global und Geld und Supermarkt; ja, womit eigentlich, abgesehen von Lamm und Meerestieren? Dass wir keine Südfruchtplantage anlegen könnten – ein Running Gag zwischen Frida und mir –, erklärt sich von selbst, zu kalt und zu viel Wind, zu viele fliegende Bananen und Mandarinen. Schroffe Inseln, karger Boden. Um zu wissen, was möglich ist, studiere ich ein antiquarisches Buch, »Die Færöer« von Carl Küchler. Ein deutscher Reiseschriftsteller, der vor etwa 110 Jahren die Inseln besuchte und darüber schrieb. Meine Lieblingsstelle ist die, an der Küchler und eine »recht heiter gestimmte, vergnügte Reisegesellschaft« mit dem »Dampfer« über den Nólsoyarfjørður hinaus aufs offene Meer schippern und in einen Sturm geraten. Küchlers Frau, an Deck »zwischen einem Rettungsboote und einem festverankerten grossen Wasserfasse eingezwängt«, hält sich »mit so eiserner Kraft an der Backbordreling fest«, dass ihr das Kettenarmband vom Handgelenk springt. Letztendlich landen alle wohlbehalten im Doktorhaus in Klaksvík, werden mit trockener Wäsche, Kleidern und Schuhen ausgestattet und versammeln sich, »wie zu einer Maskerade verkleidet«, im Studierzimmer zu einem

Mittagsmahl. Gebackene Fische werden serviert, dänische Ochsenzunge und junge Erbsen, Aalborger Aquavit, Kalbsbraten und Stangenspargel, Birnen und Preiselbeeren als Kompott, Ananaspudding und so weiter, »alles das vermochte die durch regelmässige Bezüge aus Kopenhagen reichversorgte Vorratskammer und Küche des Doktors zu liefern«. Mit anderen Worten: alles importiert.

Was aber könnte ich anbauen, hier, in Elduvík? Bei einem Bummel durch Tórshavn entdeckt Küchler in »hübschen kleinen Gärten« Johannisbeerbüsche, Rhabarberstauden, Radieschen, Möhren und sogar Erdbeeren; geht doch. Dann wieder schreibt er an anderer Stelle: »Das regnerische Klima und das beständig zu Tal sickernde Wasser halten die Humusschicht nicht nur feucht, sondern lassen sie auch versäuern, sodass sie einer ganz besonderen Pflege bedarf, um einen einigermassen lohnenden Ertrag zu liefern.« Na, das kann ja heiter werden mit meinem Rhabarber-, Kartoffel- und Rübenfeld. Bevor ich aber tatsächlich loslege, muss der Dauerregen aufgehört haben. Und ich will noch nach Sandoy fahren, um mir etwas anzuschauen.

Sandoy ist die lieblichste Insel der Färöer, flacher, glatter, silbriger, mehr Pastellfarben. Und Dünen; der Strand von Sandur. Windströmungen malen Wellenmuster auf Sandhügel und kämmen Strandhaferhalme und mein Haar. Alte Fußspuren verwehen, neue werden in den Sand gedrückt; ewiger Kreislauf. Über eine leere Straße laufe ich an Feldern entlang hinüber zu den Gewächshaustunneln, ein großer und ein kleiner. Die Türen stehen offen, keiner da, ich trete ein. Im Laboratorium der grünen Dinge höre ich Pflanzen wispern, die Luft ist warm und riecht nach Wachstum; der Geruch von Leben, den feuchte Erde verströmt. Wind säuselt über die Tunnel. Licht sickert durch Folie und setzt die Leben spendenden Prozesse in Gang, und dann vollbringen die guten grünen Dinge ihr Werk und bilden aus Kohlendioxid, Licht und Wasser Glucose und Sauerstoff. Auf dem Tisch vor mir steht eine Gießkanne. In aufgeschnittenen Milchkartons gedeihen Keimlinge. Jungpflanzen recken sich in Anzuchttöpfen. Ein Gefühl, als ob ich in einen Gartenkatalog gestiegen wäre. Es gibt Menschen, die mit Pflanzen und dem Herumwühlen in Erde absolut nichts anfangen können. Ich gehöre zur anderen Kategorie, zu denen, die auf einer Insel erdkrümeliger Glückseligkeit landen, sobald sie nur an Gärtnern denken. Pflanzenanarchie. Dreck unter den Nägeln. Harken, buddeln und gießen statt wischen, klicken und tippen. Im großen Gewächshaustunnel, in dem gerade Rote Bete, Weißkohl und Salate wachsen, drehe ich für meine Bibliothek der guten Geräusche und Gefühle eine Videonotiz. Im kleinen Tunnel streiche ich über Erdbeergewächse und inspiziere die Schilder, die in den Töpfen und Kästen stecken, um zu wissen, was hier miteinander wispert: Petersilienwurzel, Lauchzwiebel, Basilikum, Koriander, Chili, Tomate, Spinat.

Das erste Gewächshaus von Veltan ist weggeflogen. Ein Wintersturm hat es gefressen. »Veltan« bedeutet so viel wie »der kleine Acker« und ist ein Zusammenschluss von Menschen, die in Gärten, auf Parzellen und Feldern überschaubarer Größe Gemüse, Rhabarber und Kartoffeln anbauen. Erzeugnisse, die unter dem Label Veltan vermarktet und auf den Inseln verkauft werden. Die neue Generation der Gewächshaustunnel von Sandur haben sie mit einem Statiker geplant, erzählt mir Katrin. Natürlich könne man nicht willkürlich in jedem Dorf Gewächshäuser aufstellen; aber mehr Folientunnel, Kleinlandwirtschaft und Selbstversorgung seien schon noch möglich. »Die Produkte sind einfach so viel besser als die importierten.« Katrins Favoriten: »Saft von unserer Roten Bete, Blumenkohl, der fantastisch schmeckt, und unsere Erdbeeren. Sie wachsen langsam, sind aber unglaublich aromatisch.«

Stadt, Land, Insel, irgendwo kurz vor Rotwein-Utopia. Ortsbegehung: Zwei Tage nachdem ich auf Sandoy den Pflanzen gelauscht habe, schreitet Eivind mit mir in Elduvík die Erdscholle ab, die ich beackern darf, »von hier bis hier«, zeigt er. Groß und perfekte Lage am Weg, der zum Schafpferch führt. »Wie findest du es?« Am liebsten würde ich Eivind in die Arme nehmen und mit ihm im Kreis tanzen, bin mir aber nicht sicher, wie das bei ihm ankäme, also nicke ich und strahle vor mich hin. Meine kleine Farm, Werkstolz, Schaffensfreude, obwohl ich noch nicht einmal angefangen habe; dafür brauche ich einen Spaten. Weil ich glaube, dass dort die Auswahl am größten ist, fahre ich nach Tórshavn. In einem Baumarkt überlege ich, ob ich den schwarzen oder den roten nehmen soll. Ich entscheide mich für schwarz, der Stiel ist länger, außerdem kommt mir der rote zu schwer vor. Als ich am nächsten Morgen die Tür öffne, geht ein scharfer Wind, der vom Meer kommt; um das zu wissen, braucht man keinen angeleckten Finger in die Luft zu halten, das sieht man an der Richtung, in die sich das Gras biegt.

Es ist ja nicht so, dass ich ein Blumenbeet anlegen würde oder einen Ziergarten mit Seerosenteich. Damit kenne ich mich aus, mit dieser Art Gärtnern bin ich groß geworden. Meine Eltern haben einen famosen Garten, in dem ständig gewerkelt wird; ein guter Garten ist niemals fertig. Ich kann Pflanzeninseln setzen, weiß, wie man Stauden teilt, Dahlien behandelt, und kenne die Vorlieben und Gewohnheiten der Blumenzwiebeln, Samen und Wurzelstöcke, die ich bei Manufactum gekauft habe, wenn verlagsfrei war.

Das hier ist etwas völlig anderes. Ein Quadrat Erde mit einer dicken Schicht Gras obendrauf, zwölf mal zwölf Meter. Der schwarze Spaten taugt nichts, jedenfalls nicht zum Umgraben. Eivind hat einen roten, den ich mir leihe; schon besser. Der Himmel trägt Milchig-zugezogen, das Meer befindet sich in einem Zustand leichter Erregung, ich hüpfe in Gummistiefeln auf den roten Spaten und ramme ihn schnaufend in den Boden. Eivind hat mir gezeigt, wie man das macht; nur konnte er die Brocken, die er ausgestochen hat, mit dem Spaten wenden. Ich brauche dazu beide Hände. Eine Herkulesarbeit, die Stunden, Tage dauert. Mein Mann schlägt vor, dass ich mir eine Maschine leihe, irgendwer wird schon eine haben. Mag sein, ich aber bestehe auf Handarbeit, alles andere würde mir wie Selbstbetrug vorkommen, schließlich geht es nicht nur um Grünzeug, sondern auch um die Rotwein-Utopie. Was wäre, wenn – alle Maschinen kaputt wären, dann muss man eben selbst buddeln und sich auf den Spaten und das Hebelgesetz verlassen und auf die eigene Kraft. Mit oder ohne Blasen an den Händen, sonst wird das nie etwas mit »aus eigener Ernte«. Obendrein hat man dafür zu sorgen, dass die Tiere draußen bleiben. Wenn in naher Zukunft Kartoffeln, Mohrrüben, Salate, Kräuter, Rhabarber und Erdbeeren auf meinem Acker sprießen, möchte ich nicht, dass sie von marodierenden Schafen oder Feinschmeckerhasen angeknabbert werden, deshalb brauche ich einen Zaun. Die

Baukolonne rückt an, Poul Johannes und mein Mann. Mit einer schweren Handramme treiben sie Holzpflöcke in die Erde, nageln Krampen und verankern ein Drahtgeflecht, damit es nicht vom nächsten Sturm verschluckt wird. Dann steht mein Zaun.

Abends sitzen wir bei uns am Tisch vor dem Panoramafenster zusammen. Während ich Gläser hole, zieht Poul Johannes mich auf und verkündet, dass ich über dem Tor, durch das man ab sofort auf mein Feld gelangt, noch ein Schild anbringen müsse, auf dem »Anjas Garten Eden« zu stehen habe. Ich frage nonchalant zurück, wie es eigentlich mit dem Milchvieh aussehe, das er habe besorgen wollen. Aus der Kuh wird nichts. Poul Johannes hat zu viel zu tun. Aber wir könnten, wenn wir wollten. Ein gutes Gefühl.

føroysk klæði [fø:rɪsk ˈkl̩ɛa:jɪ]

Feste feiern, wie sie fallen

Gettoblaster, der: Für einen solchen großen, tragbaren, leistungsstarken Radiorekorder, den man auf dem Boden platziert und dessen Lautstärkeregler man bis zum Anschlag aufdreht, scheint es in der Landessprache kein Wort zu geben; aber Tanz (Dansur), Affe (Apa) und Party (Veitsla) kann man auf Färöisch sagen. Der Gettoblaster, der mich dazu bringt, aus dem Bett zu steigen, mich mit meinem Smartphone schlaftrunken an die Fensterfront im Flur zu stellen und ein Onlinewörterbuch zu befragen, steht im Laternenschein einer kühlen Nacht vor der Kirche von Elduvík, die seit geraumer Zeit in Endlosschleife mit dem hüpfenden Sound des Songs »Dance Monkey« (Tones and I) beschallt wird; und das gesamte Dorf hört mit. Um den Gettoblaster herum springen barfuß und in Boxershorts Tänzer – ich tippe auf einen Junggesellenabschied –, die eine schmissige Performance hinlegen. Nach einem System, das sich mir nicht erschließt, wird ab und an die Stopptaste des Rekorders gedrückt und in die Pause hinein der Text weitergesungen: »They say, ›Oh my God, I see the way you shine‹ / Take your hands, my dear, and place them both in mine / You know you stopped me dead while I was passing by / And now I beg to see you dance just one more time.« Und alle Tänzer vor der Kirche treffen den Takt und die Töne.

Ich erkläre mir das so: Je mehr man den Elementen ausgeliefert ist, desto musikalischer und kreativer wird man. Oder es hat etwas mit der Luft zu tun. Ganz sicher mit Abgeschiedenheit und der Dunkelheit kalter Tage. Dann sitzt man als Inselbewohner in seinem Haus, während vor dem Fenster das nächste Sturmtief anrollt, und spürt, wie die Inseln ihr Füllhorn über einem ausschütten. Gedichte, die aufgeschrieben werden wollen. Bilder, die es drängt, Gestalt anzunehmen; Staffelei, Leinwand, Sujet, zu nachtschlafender Zeit tuschelnde Tuben mit Malfarben. Lieder, in der Stille einer Küche komponiert – eine Gitarre und das Ticken einer Wanduhr –, bevor man sie im Sommer auf einem lärmenden Familienfest vorträgt. Oder eben Tanzschritte vor einer Kirche.

Das Leben ist unwiederholbar, es muss angepinselt, ausgemalt, gereimt, gesteppt, geschüttelt, gedreht, komponiert, zelebriert werden, besonders, wenn man auf einer Insel wohnt. Die Färinger sind ein Volk von Sängern und Geschichtenerzählern. Und sie lieben es zu feiern. Auf ihre Art. Möglichkeiten gibt es viele: Bootsparty mit Bier und gemeinschaftlichem Singen auf der Fähre, die durch Schönwetterblau und wogende Glitzerwellenspiegel nach Mykines fährt – der Betriebsausflug eines Ministeriums, den ich miterlebe. Tortenwettbewerb beim Seemannstag. Geburtstag und Hochzeit. Das Strickfestival der Inseln. Open Stage/Open Mic. Dorffest in Elduvík mit Partyzelt am Meer. Die Ólavsøka, zu der sich Tausende Färinger

in Tórshavn treffen. Oder man tanzt und singt vor einer
Bühne, die am Strand steht.

G! Festival

Als mein Mann und ich am Festivalgelände ankommen,
steht ein Pony vor dem Absperrgitter; den Hals macht es
lang, die Unterlippe hängt ein wenig nach unten; jemand
hat die Zügel an einer Straßenlaterne festgebunden.
Ansonsten reisen die Leute wie immer mit Autos, Bussen
und Booten an. Warm-up für das alljährliche G! Festival auf
Eysturoy.

Das Dorf Syðrugøta liegt in einen Hang gebaut an der
Bucht Gøtuvík, die alsbald in die offene See mündet. Bei
stürmischem Wind aus Ost und Südost steigen Brandungspferde aus dem Meer und galoppieren in Syðrugøta an
Land. Wenn man ein Auge dafür hat, sieht man an solchen
Tagen Tróndur í Gøtu über den Strand laufen, ungefähr
dort, wo jetzt die Hauptbühne steht – der Wikingerhäuptling, der auf seinem Hof in Gøta von Sigmundur Brestisson überrumpelt und mit der Streitaxt über dem Haupte
gezwungen wurde, sich taufen zu lassen. Augenblicklich
scheint die Sonne, die Färinger sagen dazu Troyggjuveður,
Pulloverwetter, es bedeutet, dass man keine Jacke über den
Pullover ziehen muss.

Folk, Pop und Pony weisen uns den Weg. Das G! Festival
ähnelt einem Kaleidoskop. Es sind die vielen kleinen und
großen, bunten, geschliffenen Steinchen des Festivals, die
sich zu einem Ganzen zusammenfügen. Man läuft hinter
dem Absperrgitter um die Kurve hinab ins Dorf, schüttelt
oder dreht sein imaginäres Kaleidoskop und sieht schöne

Bilder. Vor uns in der Bucht schaukeln Boote, von denen aus gebadet wird; Pobombe und Köpper in den Nordatlantik. Am Strand stehen beheizte Badebottiche, in denen neben- und übereinander Menschen sitzen, Bier trinken und Fischsuppe löffeln. Kinder auf Schaukeln, Musiker auf Bühnen, Yoga im Sand: Syðrugøta macht Kopfstand – alles Party, alles Leichtigkeit, drei Tage lang. Auch wenn der Wind sich dreht. Brandungspferde fallen ein, vor der Hauptbühne bekommen Festivalbesucher wieder einmal nasse Füße. Ein Bagger rollt über den Strand und schüttet mit seiner Schaufel einen Wall aus Sand auf. Das Kaleidoskop wird geschüttelt und erblüht neu, die Party geht weiter.

Die Wikingerkönigin tritt auf, die Elfe, die färöische Björk aus Syðrugøta. Eivør trägt ein schwarzes Kleid, hält eine Schamanentrommel in der Hand und schlägt dumpf den Takt. Ihre ätherische Stimme legt sich wie ein Schleier über T-Shirts, Bademäntel, Mützen und Pullover. »Trøllabundin eri eg eri eg / Galdramaður festi meg festi meg / Trøllabundin inn í hjartarót í hjartarót«, singt Eivør. Ungefähr: Trollgebunden bin ich, verzaubert, ein Zauberer fasste mich bei der Wurzel meines Herzens.

Musik der Erde, vor mir fliegt silberfarbenes Konfetti in die Luft. Durch das Licht der Bühnenscheinwerfer rasen Nebelschwaden. Sister Sledge waren »Lost In Music« und Alphaville »Forever Young« in Syðrugøta. Viele Bands und Acts aus Großbritannien und Skandinavien treten auf. Das Herz aber sind die einheimischen Künstler, Eivør, Teitur, Konni Kass, Hamferð, Guðrið Hansdóttir, Annika Hoydal. Und das A und O ist das Sing-along, wenn vor der Bühne auf dem Strand Hunderte Besucher zusammen Liebeslieder, Oden an das Meer und Hymnen auf die Inseln singen. Die Färinger kennen die Texte auswendig. Und alle, die um mich herum tanzen und singen, haben ein Gespür für Tempi, Melodien und Rhythmen.

Anders verhält es sich dann nur noch mit der Herrenrunde, an der wir mit nassen Reifen vorbeirollen, als wir wieder zu Hause ankommen: Kumpels, alles Färinger, alle um die zwanzig, die sich anlässlich des G! Festivals ein Sommerhaus in Elduvík gemietet und im Outdoorwhirlpool eines Nachbarn so lange betrunken haben, bis das Wasser begonnen hat, an unserem Haus vorbei die Straße hinunterzulaufen. Auf der stehen sie jetzt, Arm in Arm, grölend, und winken uns fröhlich zu. Ihre Einladung zum Sich-gegenseitig-mit-dem-Gartenschlauch-Nassspritzen schlagen wir müde grinsend aus. Wenn man so etwas will, fährt man eh woandershin – nämlich zur großen Wasserschlacht; auf die Insel Borðoy.

Seemannstag

Beim Seemannstag in Klaksvík, der traditionell der Seefahrt gewidmet ist, schaue ich zu, wie Schwimmer in Neoprenanzügen um die Wette durch das Hafenbecken kraulen, nach einem Seil greifen und sich an Land ziehen. Der Kai und die Stege sind voll mit Menschen, die klatschen und Pfannkuchen und Makrelen mit Kartoffelsalat essen, gegeneinander beim Tauziehen antreten und Schiffe besichtigen, darunter ein Hochseepatrouillenboot, in dessen Maschinenraum ich steige. Am Fuße der Treppe ist es laut, warm und riecht ein bisschen nach Öl. Anschließend laufe ich, zwischen Menschentrauben und Bassins, in denen Krabben und Seesterne schwimmen, Slalom bis vor die Bühne.

Auf ihr finden die nächsten Wettbewerbe statt: Langleinen bestücken und Netze flicken. Nebenan wird in einem Zelt die schönste Torte gewählt. Zuckergusskrake, Kekskuchen mit Schokosegelschiff oder Gebäck mit Marzipanrettungsring, das ist hier die Frage. Der Höhepunkt des Festes ist erreicht, wenn am Kai die Feuerwehrautos Stellung beziehen. Dann weiß man, dass im Hafenbecken die Wasserschlacht beginnt. Fontänen schießen in den Himmel, aus allen Schläuchen und Rohren feuert Wasser, fremde Decks und Besatzungen werden angegriffen und abgeduscht. Feuerwehren, Leichtmatrosen, Dingis, Trawlerkapitäne, Mütter, Väter, Kinder in Gummioveralls, Schnellboote, das dänische Marineschiff – alle machen mit.

Am darauffolgenden Tag steht auf Facebook, dass jemand einen Schlüsselbund beim Seemannstag verloren hat. Er liegt zur Abholung bereit; außerdem ein Strickpullover und ein Turnschuh mit goldenen Streifen. So gut wie nichts, was vergessen wird, geht verloren auf den Inseln. Das meiste findet sich schnell wieder, manchmal dauert es aber doch etwas länger, wie bei einem Freund, der sein Mobiltelefon als vermisst gemeldet hatte. Obwohl wir mehrfach zu Fuß und im gefahrenen Schneckentempo ein ordentliches Stück der zehn Kilometer langen Straße zwischen Funningsfjørður und der Brücke, die über den Sund führt, absuchten, blieb es verschwunden. Letztendlich wurde es Wochen später vom Reinigungsdienst im Tunnel gefunden. Unser Freund hatte es auf der Ladefläche seines Transporters liegen lassen, und nachdem es eine Weile mitgefahren war, hatte es sich im Tunnel verabschiedet. Seitdem hat unser Freund die Ortungsfunktion eingeschaltet; und die Heimkehr des verlorenen Telefons, in dem sämtliche Passwörter und sein Leben gespeichert waren, feierte er wie die eines verlorenen Sohnes.

Was schon etwas heißt auf den Inseln – schließlich ist den allermeisten Färingern nichts wichtiger als die Familie. Verwandtschaftsverhältnisse, soziale Netzwerke und Familienverbände sind in ihren Köpfen regelrecht kartiert. Sie sprechen untereinander auch gerne darüber. Trifft ein Inselbewohner einen anderen, geht es los, eine halbe Stunde lang. Wer wen kennt, wer mit wem wie verwandt ist oder verheiratet, in welchem Dorf die Großmutter wohnte, mit wem der Großvater befreundet war. Da, wo die deutsche Sprache mindestens zwei Wörter braucht, um ein Verwandtschaftsverhältnis zu beschreiben, reicht im Färöischen – zack – oft ein einziges. »Pápasystir« für »Tante väterlicherseits«. Oder »Pápabeiggjakona« für »Frau des Onkels väterlicherseits«. Gleiches gibt es für den Onkel mütterlicherseits, die Cousine oder den Vetter zweiten Grades, die Familienlinie auf der Seite des Vaters, aus der Familie der Mutter oder für Ururgroßmutter.

Geburtstag und Hochzeit

Nicht selten trudeln anlässlich eines runden Geburtstages einer Färingerin oder eines Färingers hundert Gäste ein. Bei einer Hochzeit auf Eysturoy, geht eine Geschichte, waren es zum Schluss gar 500. Die stark euphorischen Brauteltern hatten Verwandten, Freunden und Bekannten leichtsinnigerweise eine Nachricht zukommen lassen, in der stand, jeder sei willkommen. Als es in dem Hotel, in dem gefeiert wurde, nichts, aber auch wirklich gar nichts mehr zu essen oder trinken gab, wurden Abordnungen entsandt, die Snacks aus Häusern und Getränkekisten vom Kiosk anschleppten.

Wir selbst sind einmal von Birgir gefragt worden, ob wir ihm bei einer Hochzeit zur Hand gehen könnten. Natürlich haben wir zugesagt. Gefeiert wurde im Haus eines Ruderclubs in Tórshavn. Im Festsaal deckten wir lange Tafeln mit Servietten, Kerzen und Blumen ein, in der Küche wurde geschnippelt und gekocht; alles auf einmal, so färöisch eben. Mein Mann stand an einem Profigasherd, überwachte sieben riesige Töpfe und rührte unaufhörlich eine helle Soße um, die nicht anbrennen durfte. Birgir, der Koch Ruben und ich richteten Vorspeisenteller an. Brot, Butter und polierte Pferdemuschelschalen, die wir mit Garnelen, Jakobsmuscheln, Paprikastreifen, Zitronenscheiben, Zupfgrün und Creme füllten, bevor wir sie auf Tellern drapierten und auf die Tafeln stellten. Danach banden wir uns Schürzen um, denn den Hauptgang, Dorsch, Kartoffeln und Brokkoli, holte sich die Hochzeitsgesellschaft im Festsaal direkt bei uns ab. Irgendwann stand Eivør vor uns und ließ sich auftun; bis ins kühle Morgenrot wurde gesungen und getanzt. Der Horizont, das Singen, das Staunen sind miteinander verbunden. Die Partys, über die ich einst Artikel für die Zeitung schrieb, sind Lichtjahre entfernt.

Werkstattkonzert

Die ersten Ideen sind immer die besten. Und ein Schokoladenkuchen ist der Beginn vieler schöner Dinge. Der Mann, der bei uns im Dorf nachts vor seinem Flipchart steht und Projekte plant, hat Besuch aus Dänemark. Kuno ist Geiger und Komponist. Nach Elduvík ist er gekommen, um seinen Freund zu besuchen, die Energie heller Sommernächte in sich aufzunehmen und zehn Tage lang Bachs Sonaten und Partiten für Sologeige einzustudieren. Ein Meilenstein der klassischen Musik, der Himalaja der Geigenkunst, spieltechnisch eine absolute Herausforderung. Kuno plant, die sechs Kompositionen in einem Stück aufzuführen. Was den Mann mit dem Flipchart auf eine Idee bringt. Flink entwirft er einen Flyer, und schon steht die Einladung. Ein dreigeteilter Werkstattkonzertnachmittag mit Kuno in der Kirche von Elduvík. Während der 15:30-Uhr-Pause wird der Mann mit dem Flipchart bei sich zu Hause Kuchen, Getränke und Brote servieren; alle sind willkommen.

Der Nachmittag bricht an. Kuno knöpft sein lachsfarbenes Hemd zu, öffnet in der Kirche seinen Geigenkoffer, stellt sich vor den Altar und spielt Bach. Schönheit, Melancholie und tänzerische Melodien breiten sich aus; von der holzgetäfelten Decke hängt das Votivschiff. Nach der ersten Stunde Musik finden sich während einer Pause im Haus am Meer Helfer ein. Jeder macht irgendetwas: auf einem antiken Küchenherd mit angebauter Induktionsplatte Schokolade schmelzen, in der Sitzecke Tassen bereitstellen, Brote schmieren, über Bach und Schokolade und Musik philosophieren. In der zweiten Pause geht es dann zu wie im Taubenschlag. Im Flur hängen übereinander Jacken, bis vor die Tür stehen Schuhe. Nachdem die Liter Kakao ausgetrunken und der Schokoladenkuchen und die Brote aufgegessen sind, bewegt sich die Prozession über schiefe Gassen zurück zur Kirche. Auf dem Sitz eines roten Mopeds, an dem wir vorbeikommen, hockt aufgeplustert eine mir unbekannte getigerte Katze. Unter dem Votivschiff beginnt der letzte Teil des Konzertes, über die Bänke und Zuhörer legt sich Vollendung.

Später entwickelt sich bei uns zu Hause eine kleine Spontanparty, bei der Kuno von einer Multimediaperformance erzählt, für die er die Musik geschrieben hat, ein Werk für Violoncello, Klavier und Percussion. Die Vertonung eines Gedichtes von Georg Trakl, wir beugen uns über Kunos Smartphone und schauen einen Teaser an. Eine sanfte, geheimnisvoll-lockende Weise erklingt, in Bildcollagen steigen Notenlinien und animierte Texte auf, Wind streicht durch ein Ährenfeld, das weltwissend raschelt – romantische Avantgarde. Gläserklirren und Schulterklopfen für Kuno; über der Bucht von Elduvík steht ein goldener Streifen. Als ich kurz draußen auf der Terrasse bin und durch die Fensterscheiben das Geschehen in unserem Wohnzimmer betrachte – momentan wird die Musik aufgedreht –, überlege ich, wie man wohl färöische Geselligkeit vertonen würde. Nehmen wir einmal an, ich müsste eine Sinfonie dazu komponieren, was wäre zu hören? Ein Chor. Die Lautsprecherdurchsagen eines Ruderwettbewerbes. Spielkarten, die an einer Bucht vor einem Wohnwagen mit färöischem Kennzeichen auf einen Campingtisch knallen, Full House. Eine Rede. Eine Feier. Eine Band. Jubel auf einem Fußballplatz, auf dem der Wind mit dem Ball ein Tor schießt. Tanzschritte auf einem Holzboden. Und das Klappern von Stricknadeln.

Strickfestival

Stricken ist Komponieren mit Wolle und Nadeln und Schafs-Insel-Identität, es verbindet das Damals und das Heute und die Menschen. Nirgendwo sonst dürften auf den Quadratmeter umgerechnet so viele Wollpullover gestrickt und getragen werden wie auf den Färöern. Wenn man einmal anfängt, darauf zu achten, hört man überall Stricknadeln klappern, an allen möglichen und unmöglichen Orten. Bus, Café, Helikopter, Fähre, Sommerhaus, Parkplatz, Düne, Bergspitze, Marina, Picknickdecke, Grotte, Tankstellenimbiss, Beifahrersitz, Wasserfall, Party. Man beginnt wahrzunehmen, dass die Luft, die man atmet, der pfeifende Wind, das Grün der steilen Hänge, das endlose Blau von Himmel und See, die Regenbleiche, der Nebel, die brandenden Wogen gesättigt sind mit einem gewissen Verlangen nach Nadelklappern und Maschen.

Nicht umsonst liegt in nahezu jedem Supermarkt Wolle in verschiedenen Farben und Qualitäten im Regal, falls man ein Projekt abgeschlossen hat und gleich ein neues anfangen möchte. Das gehört zur Grundversorgung, wie Eier, Milch und Mehl. Alles zusammengenommen – Wolle, Nadeln, Kuchen und Geselligkeit – heißt Bindiklubbi, Strickclub. Das Wort für eine unbestimmte Mehrzahl lautet Bindiklubbar. Man verwendet es, um kleine soziale Gruppen zu beschreiben, Frauen, von jung bis alt, die sich einmal in der Woche oder alle vierzehn Tage bei jemandem zu Hause treffen, um zusammen zu stricken und Spaß zu haben. Im Bindiklubbi werden Anleitungen, Kniffe und Plaudereien ausgetauscht; reihum ist jede einmal Gastgeberin.

Das Bindifestivalurin í Fuglafirði ist das Strickfestival der Färöer, sozusagen viele Strickclubs auf einmal plus Programm. Siebzig Workshops und Vorträge werden organisiert, es gibt Pop-up-Läden, einen Markt, Musik und Strickcafés, in denen Färingerinnen und Gäste aus Skandinavien und Großbritannien beisammensitzen, auch Amerika, Deutschland und Kanada sind vertreten. Die meisten Veranstaltungen finden in Fuglafjørður statt, einem für färöische Verhältnisse mittelgroßen Ort im Osten Eysturoys, in dem die Festivalgründerinnen wohnen. Die Wollknäuelsonne, um die herum ein System aus Wollknäuelsatelliten kreiselt: weitere Orte, die beim Festival mitmachen. Wie zum Beispiel Hellur.

Dorthin fahre ich, weil ich mir für meinen Blog einen Workshop anschauen will. An einem Tag, der mir wie eine Kinderzeichnung vorkommt: Die buntstiftbunten Häuser unseres Dorfes leuchten. Wellen brechen in der Bucht. Am blauen Himmel stehen weiße Wolken. Die Straße, auf die ich nach kurzer Zeit abbiege, steigt an und schlängelt sich durch weites Braun an schneegefleckten Bergflanken entlang. Am Rand des Asphaltstreifens laufen Schafe mit Lämmern. Auf einem kleinen See, der sich in einer Kuhle gesammelt hat, schwimmt eine dünne Schicht aus Eis. Danach führt die Fahrbahn in Serpentinen wieder bergab und über ein Schafgitter bis nach Hellur; ein paar Häuser nur, vis-à-vis der Kirche steckt in einem Vorgarten ein Strickfestivalfähnchen mit Nummer im Rasen. Das Zuhause von Jorun.

Als ich auf Socken ins Wohnzimmer komme, sitzen Frauen um einen Holztisch herum, der so groß ist, dass an ihm die Ritter der Tafelrunde hätten tagen können. In

160

der Mitte stehen Chrysanthemen in Vasen und Tabletts mit Gläsern und Krügen. Daneben liegen, über die Weite der Tischplatte verstreut, Tüten, Zettel mit Anleitungen und vielleicht zwanzig unterschiedlich große, verschiedenfarbige Wollknäuel: Nordatlantiktürkis, Wiesengrün, Nebelgrau, Marineblau, Strandbraun, Schafweiß, Acker-Kratzdistel-Pink. An den Wänden hängt Kunst; Abstraktes, Kohlezeichnungen mit Bergen und Booten und gemalte Insellandschaften. Auf einem Schrank reihen sich Bilderrahmen mit Familienfotos aneinander. Während der Bindiklubbi am Rittertisch die Lanzen zückt und Hausschuhe häkelt – der knifflige Part, lasse ich mir sagen, sind die Passform und die Schuhsohle –, ziehen Jorun, ihr Strickzeug und ich in eine Sesselecke um, die vor einem Anbau steht, durch den wir auf ein Stück Felsenküste und den Fjord schauen. Tropfen laufen an den großen Scheiben hinunter, es hat angefangen zu regnen.

Joruns Nadeln fahren durch Maschen. Dabei schaut sie mich an und erzählt mir, wie das mit der Strickdecke war, die eine Stuhllehne schmückt, fünf Rottöne und verschiedene Muster. »Meine Mutter hat sie mir zu Weihnachten geschenkt«, sagt Jorun. Und dass ihre Mutter auf Suðuroy wohne, 95 Jahre alt und praktisch blind sei, »sie kann so gut wie gar nichts mehr sehen«. Ich starre die Decke an und frage Jorun, wie das gehe, so schön stricken, ohne zu sehen.

»Meine Mutter tastet die Wolle und die Maschen mit den Fingern ab. Das ist gut für ihr Gedächtnis und bringt Freude, sagt sie, und dass sie deshalb auch nicht aufhören wird zu stricken.« Beschämt erzähle ich Jorun von meinen Strickversuchen. Wann auch immer ich Stricknadeln in die

Hand nahm, kam nichts Gutes dabei heraus. Stets endete alles mit Wut und krumm und schief, irgendwann habe ich aufgegeben.

»Wahrscheinlich hat dir die innere Ruhe gefehlt«, sagt Jorun.

Auf dem Rückweg halte ich an dem kleinen See an und steige aus. Kalter Wind bläst über Geröll und die dünne Schicht aus Eis und singt in der Weite.

Musik macht die Natur fast immer, ohne den Geräuschmüll der Großstadt kann man sie besser hören; ich zumindest. Selten ist es möglich, in einem hektischen, lauten und an Leistung orientierten Umfeld das eigene Tun zu hinterfragen. Erst wenn es endlich leise geworden ist, kann man wieder klar denken. Vielleicht werde ich es mit dem Stricken noch einmal versuchen. Jetzt, unter anderen Vorzeichen. Hier, auf den Inseln.

Open Stage/Open Mic

Die Geschichte der Grönländerin ist recht kurios, dennoch hat sie sich zugetragen: Steht eine Frau auf einer Bühne und liest dem Publikum das Rezept für einen Schokoladenkuchen vor. Früher war das Reinsaríið in Tórshavn eine Reinigung, nun ist es ein Veranstaltungsort, der immer noch wie eine Reinigung heißt. Vom Parkplatz an der Marina bis zur Tórsgøta 3 läuft man in wenigen Minuten. Zurück kann es länger dauern, je nachdem, was am Abend so passiert beim Open Stage/Open Mic.

Hinter der Tür mit den Sprossenfenstern tut sich ein in Popfarben getauchter Raum auf, der über zwei Etagen reicht, die Balkenkonstruktion hat man freigelegt, die

Bühne, auf der Instrumente stehen – Klavier, Gitarren, Schlagzeug – mit Wohnzimmerteppichen ausgelegt. Drei Wochen nachdem Kuno in der Kirche von Elduvík sein Konzert gegeben hat, holen Poul Johannes, mein Mann und ich uns im Reinsaríið unsere Getränke und setzen uns an einen der letzten freien Tische. Der Ablauf ist immer der gleiche. Zuerst spielt eine Band, danach kommt Anna ans Mikrofon und eröffnet den Open Stage/Open Mic. Wer mitmachen möchte, hat sich zuvor in eine Liste eingetragen. So war auch die Grönländerin auf die Bühne gekommen, die ihr iPhone gezückt und das Rezept für einen Schokoladenkuchen vorgetragen hatte, schön wie ein Gedicht.

Die Abende im Reinsaríið sind jedes Mal wie eine Wundertüte. Nie weiß man, was kommt, aber man weiß, dass es gut sein wird, oft auf Plattenvertragsniveau. Und wenn es ausnahmsweise nicht ganz so gut ist, ist es lustig und charmant. Rock 'n' Roll, Teenagerliebeslied, Trompete, Ukulele, Funk mit Anna, »Bella Ciao« a cappella und Britney Spears' »Toxic« im Strickpullover als Ballade. Immer passiert etwas Unerwartetes. Diesmal geht die Tür auf, als das Programm bereits in vollem Gang ist. Im pinkfarbenen Scheinwerferlicht läuft die wettergegerbte Crew eines Segelschiffes ein; was auf der Bühne eben noch Solo-Rap war, entwickelt sich zu einer Jamsession, Schlagzeug, E-Gitarre und Bass werden aus dem Publikum heraus besetzt und grooven, Christian aus Deutschland setzt sich ans Klavier; wir, das Publikum, klatschen und johlen; Akkordspiralen federn hoch zu Sternen; in der Marina schnipsen Schiffe.

Dorffest

Auf den Inseln stehen die Partyzelte immer am Meer. So ist es auch, als unser Dorf groß feiert. Ein denkwürdiger Tag. Kaum schlendert die Uhr in Richtung Viertel vor neun, treffen schon die ersten Gäste ein. Als ich die Augen aufmache, höre ich Schritte auf Kies und Stimmen. Um mir einen Überblick zu verschaffen, stelle ich mich auf der Terrasse mit meinem Kaffeebecher auf eine Holzbank. Über die Dorfstraße rollen Autos und reihen sich am Straßenrand zu einer Kette auf; an allen Masten hängen Fahnen. Das Fest wurde von den Dorfbewohnern, die es sich in der alten Schule ausgedacht haben, auf den Namen Summarhugni getauft, was so viel heißt wie Sommergemütlichkeit; die treibende Kraft war Bjarni. Jemand hat eine Slush-Ice-Maschine organisiert, vor der Kinder stehen und tropfendes Grün löffeln. Aus Badetonnen recken sich Zehen in die Luft, die nach Waffeln duftet. Für Interessierte gibt es kleine Touren durchs Dorf. Unaufhörlich werden Tabletts und Platten zum Büfett getragen, nichts kostet Geld, alles ist gratis.

Die ersten Ideen sind immer die besten. Und ein strapazierfähiges Partyzelt ist der Beginn vieler schöner Dinge. Strapazierfähig ist wichtig, wobei es im Moment nahezu windstill ist. Der Nordatlantik liegt träge da und präsentiert sich in bräsigem Durchschnittsgrau. Die Kreuze der Fahnen flattern nicht, sie schwanken. Es hätte aber auch anders kommen können. Dann hätte man das Zelt gar nicht erst aufgebaut. Oder man hätte es mit Trara räumen lassen müssen. Wer möchte schon in einem Zelt sitzen, das in den Ozean geweht zu werden droht – die Elduvíkingar sicher nicht.

Das Fest wird ein voller Erfolg. Rushhour auf der Dorfstraße, den ganzen Tag über strömen Autos und Gäste, das
Wetter spielt mit, alles in allem kommen mehrere Hundert Besucher. Im Partyzelt am Meer herrscht ein erhöhter
Geräuschpegel aus fröhlichem Durcheinander. Niemand
legt Jacken oder Strickpullover über Stühle und erklärt
Plätze für besetzt. Wo irgendwie möglich, wird zusammen-
gerutscht, mit entspannter Selbstverständlichkeit. Das hat
etwas Geborgenheit-Gebendes, Generationsübergreifen-
des, Verbindendes in Zeiten auseinanderdriftender Gesell-
schaften. Weniger ich, mehr wir, mehr Blick auf das Miteinander auf den Inseln.

Das lässt sich sogar in Sprache ablesen. »Takk fyri sein-
ast« bedeutet »danke für zuletzt, danke für das letzte Mal«.
Man sagt es, wenn man jemandem begegnet, den man
zuvor getroffen hat, gestern oder vor vier Wochen. Ständig,
immer wieder, bedankt man sich für eine schöne Zeit, die
man gemeinsam verbracht hat. An einem Küchentisch, in
einem Boot oder bei einer Feier. Wobei es sich keineswegs
um eine Floskel handle, sagt Frida, als sie und ich spazieren gehen. Sondern um einen Satz mit Sinn, über den sie
als Färingerin allerdings noch nie nachgedacht habe; wir
lachen. Dann kommen wir auf diese andere Sache zu sprechen, die, die mir auf Facebook aufgefallen ist. Es geht
so: Jemand verschickt einen Post, in dem steht, dass ihr
oder sein Vater Geburtstag hat, man sieht ihn auf Fotos
beim Kartoffelpellen, am Betonmischer, auf einem Berg,
im Ohrensessel, mit einer Katze, beim Autofahren. Likes
trudeln ein und Kommentare, reihenweise »Hjartaliga til-
lukku við pápa tínum«, »herzlichen Glückwunsch mit deinem Vater«; Gleiches gibt es mit Mutter und Kind. Ich

selbst habe schon Nachrichten bekommen, in denen mir gratuliert wurde, obwohl mein Mann es war, der ein Jahr älter geworden war.

»Ich glaube, wir machen das, weil es Gemeinsamkeit schafft«, sagt Frida nach einer ganzen Weile. »Jeder bekommt etwas von der Freude über den Anlass ab. Nicht nur die Person, die Geburtstag hat, das Paar, das seine Silberhochzeit feiert, sondern auch Freunde und Verwandte.«

Für Fridas Großmutter ging das Gemeinschaftsgefühl sogar über das Leben hinaus. Sie hat einfach weiter gebacken, Jahr für Jahr; den letzten Geburtstagskuchen für ihren Mann buk sie acht Jahre nach dessen Tod. Während der Kuchen – ein rundes, süßes Sandwich aus Rührteigböden, Marmelade, Sahne, Creme und Cocktailfrüchten – in ihrer Küche stand, deckte Fridas Großmutter den Wohnzimmertisch mit ihrem besten Geschirr und telefonierte die Familie zusammen, die vorbeikommen und den Kuchen essen musste. Frida gibt zu: »Wir mochten das nicht besonders. Ehrlich gesagt, fanden wir es bizarr, meine Großmutter aber hat es als Gelegenheit gesehen, alle zusammenzubringen.« Und so nahmen die Dinge ihren Lauf, bis Fridas Großmutter nicht mehr konnte. Sie wurde achtzig Jahre alt und starb ohne Angst. Auf dem Friedhof von Klaksvík liegt sie begraben, neben ihrem Mann.

Taufe

Wenn ich an Oyndarfjørður denke, sehe ich Johannisbeeren, mannshohe Sträucher mit roten, prallen, saftigen Beeren, die neben krumm gewachsenen Bäumen in verwunschenen Gärten stehen und nach Sommer und Liebe duften. Woran ich ganz bestimmt nicht denke, sind wackelnde Steine. Dabei sind die Rinkusteinar das Wahrzeichen von Oyndarfjørður, für sie hat man ein Schild aufgestellt. Vermutlich, weil die Steine das ganze Jahr über als Attraktion locken und für jedermann zugänglich sind, was man von den Johannisbeeren nicht behaupten kann; die sind privat.

Man fährt über die Bergstraße nach Oyndarfjørður, und bevor das Dorf überhaupt richtig angefangen hat, stehen rechts besagtes Schild und eine grüne Bank. Ein Weg führt hinunter zu den Steinen, zwei Felsbrocken im Wasser. An einem hat man eine Kette befestigt, um den Effekt zu verdeutlichen, mit dem der Seegang den Felsen angeblich in Extremzeitlupe hin- und herwiegt. Aber wann immer ich da war, haben sich weder der Fels noch die rostige Kette auch nur einen Millimeter bewegt, die Steine blieben starr, einzig und allein das Wasser schwappte. Deshalb denke ich an Johannisbeeren, wenn mir Oyndarfjørður in den Sinn kommt, und an ein Kind, das in einer Kirche am Wasser getauft wird, als die Beeren reif sind. Ein Mädchen in einem weißen Taufkleid mit einer langen pinkfarbenen Schleife. Während die Orgel spielt und die Kleine von ihren Eltern zum Taufbecken getragen wird, male ich mir in der Kirchenbank aus, wie ihr Leben sein soll, und erträume die Ballade von der Johannisbeer-Königin aus Oyndarfjørður, die von Kämpfen und Siegen erzählt, von Abenteuern, Verbündeten, Zuckerschnuten – und einem Mädchen, das die Welt erobert und eine Krone aus Johannisbeerzweigen trägt:

Die tapfere Johannisbeer-Königin aus Oyndarfjørður,
isst eine Gummischnecke und badet in Eierpampe; pur.
Mit Jóhan tauscht sie ein Freundschaftsband aus.
Dann steigt sie aufs Dreirad und zieht in die Welt
hinaus.

Wann das erste Kvæði – Reime dieser Art sind es, die
mir bei der Taufe durch den Kopf gehen – auf den Inseln
gedichtet wurde, weiß man nicht, es ist zu lange her.
Erschwerend kommt hinzu, dass diese färöischen Balladen
jahrhundertelang ausschließlich mündlich überliefert wurden, bevor man Ende des 18. Jahrhunderts endlich begann,
sie aufzuschreiben. Wie soll man da den Anfang finden;
wo und bei wem sollte man suchen? Zu den Balladen, die
mehr als 200 Strophen haben können und sich häufig um
Könige, Schlachten und Helden ranken, wird nach einer
vorgegebenen Schrittfolge der »Føroyskur dansur« gelebt
und getanzt, bei dem die Färinger sich an den Händen halten, die sie rhythmisch heben und senken, und im Tanz
Kreise und Ketten bilden. Ein sehr sozialer Tanz, wenn
man so will. Man hält einfach die Hände zwischen zwei
Tänzer, und dann öffnet sich die Kette, und man reiht sich
ein. Wenn man irgendwann müde wird – es kann stundenlang dauern –, verlässt man die Kette wieder. Ein Vor-
sänger – manchmal sind es auch mehrere – singt, auswendig und laut hörbar, den jeweiligen Vers oder die jeweilige
Strophe, alle anderen stimmen beim Kehrreim mit ein. Je
dramatischer die Handlung, desto fester wird das Schrei-
ten und Stampfen. Diesen besonderen Tanz erlebt man am
besten in Tórshavn.

Ólavsøka

Eine Woche, nachdem die Dorfgemeinschaft einmal mehr die Schafe zusammengetrieben hat, hängt unten an der Bucht bei Nachbarn am Haus zum Lüften ein Kleid. Genau genommen ein langer roter Rock, eine schwarz-rote Strickjacke mit Silberschließen, ein grünes Schultertuch und eine grüne Schürze, wie ich durch mein Fernglas sehe. Daneben hängt, an einem weiteren Haken, der in die Holzwand gedreht worden sein muss, ein Kleidersack, aus dem eine rote, mit Blumenranken bestickte Herrenweste hervorlugt. Hinter dem Grasdach zoome ich auf saphirblaue Brecher, vor dem Haus stehen auf einem Tisch polierte Schuhe, und an der Strickjacke blinkt das Silber; wenn ich es nicht besser wüsste, würde ich sagen, es blinzelt mir zu.

Die ersten Strahlen eines Sommermorgens im Norden gehören zu den besten. Und blinkendes Silber an Ólavsøka ist der Beginn vieler schöner Dinge. Zwei Tage lang strömt alles nach Tórshavn. Menschen, Autos, Blaskapellen, Kinderwagen, Kniebundhosen, Fahnen, Silberschmuck, Boote, Reiter. Verwandte aus Suðuroy und von den nördlichen Außeninseln reisen mit Fähren und Hubschraubern an und beziehen Quartier in Ehebetten und auf Sofas. Freunde knien in Wohnzimmern und pumpen Luftmatratzen auf. An Kleidersäcken surren Reißverschlüsse. Und dann beginnt das große, gemeinsame Fest aller Färinger, die Feier, zu der sich die Inselbewohner seit Jahrhunderten treffen und die heute viele Feste in einem ist: die Ólavsøka in Tórshavn. Volksfest, kirchlicher Feiertag, Familienzusammenkunft, Prozession, Tag der Parlamentseröffnung nach der Sommerpause, Gottesdienst, Feier der Nation, Ort politischer

169

Reden, Musik- und Trachtenfrohsinn, Sportereignis, Sause. Das letzte große Fest des ausklingenden Sommers am 28. und 29. Juli. Benannt nach dem norwegischen König Olav II. Haraldsson, der 1030 in der Schlacht von Stiklestad bei Trondheim starb, zu einer Zeit, als die Färöer bereits unter dem Einfluss der Reichen und Mächtigen von Norge standen, bevor sie als Lehen eine Art norwegische Provinz wurden. Schon bald nach seinem Tod, der mit allerlei Mirakeln einhergegangen sein soll – eine heilende Quelle entspringt bei seinem Grab; als der Sarg geöffnet wird, sind Haare und Fingernägel des Königs weitergewachsen –, wurde Olav, über den geschrieben steht, dass er zu Lebzeiten bei der Bevölkerung alles andere als beliebt war, unverhofft als Märtyrer, Streiter für das Christentum und Heiliger verehrt, weit über Norwegen hinaus.

In den Straßen geht das Auge auf Wanderschaft. Poul Johannes, mein Mann und ich machen das, was man so macht an Ólavsøka: Wir lassen uns treiben. Grob gesagt, im Areal zwischen den Kanonen der Festungsanlage Skansin, die einst zum Schutz vor Piraten gebaut wurde, und dem Vágsbotnur, der an der Marina entlangführt. Auf dem Parkplatz dreht sich ein kleines Karussell, Luftballons schweben, in einem Wasserbecken sitzen Kinder in Schaufelradbooten und hantieren mit Antriebskurbeln. In der Fußgängerzone bleiben wir hinter Astas Kiosk bei einer Brassband stehen, die »I Will Follow Him« und »Puttin' on the Ritz« spielt. Als wir ins Café Natúr wollen, kommen wir zuerst nicht rein, aber irgendwie wird Platz gemacht, und wir schlängeln uns einmal sanft durch, im hinteren Teil der Bar vorbei an einem Chor. Frauen und Männer in Trachten, die Bierbecher, Partituren und Schnapsgläser schwenken und eine Hymne anstimmen. Ich höre »Tór-shavn, Zentrum der Färöer, Tingstadt, alt«; dann bin ich wieder am Eingang angekommen. Um etwas zu bestellen, ist es zu voll; und ich muss eh raus, weiter, um nicht den Anschluss zu verlieren.

Vor H. N. Jacobsens Bókahandil, der ältesten Buchhandlung der Inseln, die 1865 vom Buchbinder Hans Niklái zur Ólavsøka gegründet wurde und in der heutzutage »Harry Potter« und der »Kleine Prinz« auf Färöisch im Regal stehen, reihe ich mich wieder ein. Bei Einbruch der Dämmerung laufen wir hinunter zum Vágsbotn. Binnen Minuten ist der Platz voller Menschen. Scheinwerfer strahlen die Fassade eines Hauses an, vor dem sich eine Arbeitsbühne in die Höhe reckt. Auf die ausgefahrene Plattform klettern durch ein Fenster Musiker, greifen nach Instrumenten und spielen einen Evergreen, der die Rivalität zwischen Tórshavn und Klaksvík auf die Schippe nimmt. Während Schlagzeug, Gitarre und Gesang auf den Refrain zusteuern, den alle mitsingen, versuche ich, mir unsere Route von oben vorzustellen; wie das auf dem Display eines Navigationssystems aussehen würde, mit sämtlichen Stopps und Namen, wen wir alles in den vergangenen Stunden wann und wo getroffen haben. Ich komme zu dem Schluss, dass das Navigationssystem abstürzen würde; zu viele Daten.

Poul Johannes, der fährt, hat Durst und kauft sich im Schein bunter Lichterketten eine Flasche Wasser, deren Inhalt er nicht trinken kann, weil das Wasser gefroren ist; wir alle finden das hochgradig amüsant. Als es auf Mitternacht zugeht und das Fest dem Zenit entgegenstrebt, stehen wir vor der Buchhandlung in einer unüberschaubaren Menschenmenge, die sich über die Straßen rund um ein weißes Holzhaus, das Parlamentsgebäude, ergießt. In der Hand halte ich das Heft, das verteilt wurde: die Texte für das traditionelle Mitternachtssingen. Eine Lautsprecherdurchsage legt sich über das Stimmengewirr, und dann beginnt das Meer der versammelten Tausenden zu singen. Gemeinsam, mit einer Stimme, singt es, über das Mädchen mit den sonnigen Haaren, die Blume auf dem Gipfel eines Berges und eine Nacht, die den Klee berührt. Im letzten Lied endet der Tag, und der Tanz beginnt. Unter Laternen und knorrigen Bäumen bildet sich der uralte Kreis, aus dem eine lange, ineinander verschlungene Kette wird. Die Einheit der Tausenden. Das große Ganze. Hände, Füße, Schritte, Rhythmus, Fest, Gemeinschaft, Ballade. Eine Geschichte, die von kriegerischen Königen, einem Schiff, einer Verschwörung und einer Seeschlacht erzählt.

Noch lange wird in dieser Nacht getanzt. Tags darauf regnet es, und die Haken, an denen die Kleidersäcke an der Wand gehangen haben, sind verschwunden.

høgguslokkur [ˈhœǧːʊˌslɔʰkːʊɹ]

Etwas kocht, etwas gärt, etwas reift

»Das esse ich nicht!«

Frida macht mit ungebremster Entschlossenheit drei Schritte zurück und kommt knapp vor dem Kühlschrank zum Stehen. In unserem siebten Jahr auf den Inseln schauen mein Mann und ich uns in ihrer Wohnküche grinsend an. Poul Johannes zieht eine Augenbraue hoch. Dann nähert er sich dem Objekt: ein Stück Küchenpapier, auf dem ein Seeigel thront, frisch aus dem Wasser. Mein Mann, der wieder einmal mit Steintór fischen war, hat das Tier auf dem Kutter in einen Eimer gelegt und mitgebracht. Ein kleiner Schabernack. Es ist seltsam: Im krachenden Nordatlantik, der unaufhörlich die Färöer umspült, tummeln sich allerlei Kreaturen, die anderswo – oft mit einem Schuss Wein und etwas Petersilie und Knoblauch zubereitet – als Delikatesse gelten. Viele Färinger essen sie trotzdem nicht. Grundsätzlich. Aus Prinzip. Schillernde Miesmuscheln, die an Stegen und Küstenfelsen haften. Acht- und zehnarmige Tintenfische. Kleine Pilgermuscheln. Krebse. Krabben. Wellhornschnecken, die mit muskulösen Füßen über den Meeresgrund laufen. Stachelhäuter, die Seetang mit ihrem

Mundapparat zerkleinern – mein Mann legt ein Küchen-handtuch über den Seeigel und schneidet ihn auf. Das Innere kommt zum Vorschein. Flüssigkeit, brauner Glib-ber und die Gonaden, die Keimdrüsen des Seeigels, die gegessen werden; Frida steht mit verschränkten Armen da und schüttelt sich.

»Komm schon, wenigstens mal probieren«, sagt mein Mann, zerteilt die korallenfarbige Masse, die sich in der halbierten Stachelkugel befindet, und hält Frida mit ausge-strecktem Arm den Löffel hin. Mein Mann als Löwenbän-diger, früher haben sich die Wikinger in solchen Situatio-nen vermutlich die Schädel eingeschlagen, schießt es mir durch den Kopf. Frida schaut meinen Mann, den Löffel und die Masse an; dann greift sie tatsächlich zu. Der Rest geht schnell. Nachdem sie sich den Löffel in den Mund gesteckt hat, rennt sie zur Spüle und spuckt alles aus. »Ekelhaft«, keucht sie und drischt auf den Hebel der Küchenarmatur. Als Nächstes probiert Poul Johannes. Beim ersten Löffel runzelt er die Stirn. Die zweite Dosis schlürft er langsam, dann schmatzt er wie ein Weintester und sagt: »Salzig. Aber sauber; pures, klares Meer. Später hat es etwas von Karamell. Ein merkwürdiger Geschmack. Es fühlt sich an, als ob meine Zunge eine Treppe hochsteigen würde. Jede Stufe schmeckt anders.« Frida verdreht die Augen und wie-derholt wie gehämmert ein Wort: »Ekelhaft.« Nachdem sie sich mehrfach den Mund ausgespült hat, machen wir das, wozu wir uns an diesem Abend im August eigentlich verab-redet haben: Wir kochen eines von Fridas Lieblingsgerich-ten – Ræstan fisk og garnatálg.

Poul Johannes schichtet in einem großen Topf Kartof-feln und den grauen Dorsch übereinander, den mein Mann zuvor aus der Gefriertruhe genommen hat. Ich stehe am Herd und beaufsichtige einen Topf, in dem Klumpen liegen, die ungefähr die Größe und Form externer Computerfestplatten haben. Während sie zu schmelzen beginnen und einen intensiven Geruch verströmen, der sich schnurstracks in der Wohnküche ausbreitet und in meinem Pullover festsetzt, komme ich aus dem Lachen gar nicht mehr heraus.

»Bei Seeigel spuckst du, aber das hier geht?«, feixe ich; natürlich lacht Frida auch, sie weiß, dass Ræstan fisk og garnatálg speziell ist. Aber auch eine färöische Spezialität, bei der es sich, grob gesagt, um an der Seeluft gereiften und ein Stück weit fermentierten Fisch handelt, von dem ich mir, als ich dran bin, eine ordentliche Portion auf den Teller lege und sie mit fermentiertem Eingeweidefett vom Schaf übergieße – die nunmehr geschmolzenen Klumpen aus meinem Topf. Ein Gericht, das sich für mich am ehesten mit dem Bild eines kleinen, altmodischen Käseladens mit Türglocke beschreiben lässt, den man an einem warmen Sommertag betritt. Drinnen steht man an einem Bistrotisch und isst der Konsistenz nach strähnigen Fisch. Ein kulinarisches Klingeln, tausendmal älter als jede Ladenglocke. Ein Echo aus längst vergangener Zeit. Erfahrungsgemäß hängt der Geruch des Essens drei Tage lang im Pullover. Ich stecke meinen zu Hause in die Waschmaschine.

Weil der nächste Tag ein diesiger ist und es seit dem frühen Morgen immer wieder regnet, beschließe ich, ins Nationalmuseum nach Hoyvík zu fahren. Mein Mann bleibt lieber zu Hause: Ich im Museum, das ist ihm zu anstrengend, das dauert ihm zu lange. Als ich im Lesezimmer einige Sachen zusammenpacke und dabei aus dem Fenster schaue, sitzt im Hang ein Hase, den ich mit meinem Smartphone und meiner Kamera fotografiere. Hasen esse ich aus Prinzip nicht, seit ich als Kind ein Kaninchen hatte. Der Hase vor dem Fenster ist graubraun, hat helle Läufe und für einen Hasen kurze Ohren. Als ich ins Auto steige, ist er verschwunden.

Über die Straße, die unser Dorf mit dem Rest der Welt verbindet, fahre ich unter Wolkenfeldern am Fjord entlang, die Scheibenwischer tun surrend ihren Dienst. In Hoyvík – im Grunde genommen so etwas wie ein Vorort Tórshavns – angekommen, parke ich vor einem Kastenbau, der alles Mögliche sein könnte; in ihm befindet sich die Dauerausstellung des Museums. Schon länger bin ich nicht mehr hier gewesen. Am Eingang hänge ich die Jacke auf und trete ein ins Reich des Schummerlichts; mein Rundgang beginnt. Strahler leuchten im Halbdunkel plakatgroße Reproduktionen historischer Fotos, Landkartensiegel und Informationstafeln an, die von der Entstehungsgeschichte und Botanik der Inseln berichten. In einer Vitrine, vor der ich eine Weile stehen bleibe, sitzen ausgestopfte Vögel, darüber scheinen andere zu fliegen, an durchsichtigen Schnüren hängend. Als ich mich wieder einem Schaukasten nähere, blickt mich ein ausgestopfter Hase an, *Lepus timidus*, Schneehase, lese ich. Die ersten wurden 1855 aus Norwegen eingeführt – ich laufe weiter. Eine Stunde vergeht, vielleicht auch zwei. Dort, wo es im Museum um das Mittelalter und die Zeit der Wikinger auf den Färöern geht, sehe ich schließlich die Löffel in der Vitrine. Neben den Exponaten und einer hölzernen Gerätschaft befindet sich eine Tafel, auf der steht, wie die Löffel hergestellt wurden. Handwerker erhitzten Horn vom Schaf, legten es in die schalenförmigen Einbuchtungen der Löffel-Handpresse und klappten den Arm mit dem Gegenstück drauf. Anschließend polierten sie das Horn und verzierten die Stiele mit kunstreichen Schnitzarbeiten. Ich frage mich, wer die Handwerker gewesen sind. Wer von ihren Löffeln gegessen hat. Und was.

Eine Woche nach meinem Museumsbesuch bin ich auf der Terrasse und just dabei, mir unter einem azurblauen Nordhimmel einen Klecks Sonnencreme auf der Stirn zu verreiben, als ein Plan reift, der umgehend umgesetzt werden muss. Dafür leihen mein Mann und ich uns von Poul Johannes und Frida das Kindergummiboot aus, das wir durchs Dorf und hinunter in den alten Hafen tragen. Neben den rostigen Pollern legen wir das Boot auf den Boden und pumpen es auf. Danach geht mein Mann erst einmal eine Runde schwimmen. Um ins Wasser der Gjógv, der langen und tiefen Felsspalte von Elduvík, zu gelangen, hangelt er sich auf Gummischuhen an einem Seil acht ausgewaschene, bestenfalls noch rudimentär vorhandene Betonstufen hinunter, setzt sich auf die unterste, stützt die Ellenbogen ab und lässt sich ins Türkis fallen, das aktuell neun Grad warm ist. Nachdem er sich zehn Minuten lang im Nass getummelt hat, entdecke ich in einiger Entfernung zu meinem Mann, der inzwischen mit ausgebreiteten Armen und Beinen auf dem Rücken liegt und sich treiben lässt, den Kopf eines Seehundes. Nach fünfzehn Minuten bitte ich meinen Mann, wieder rauszukommen; ich habe Sorge, dass zu lange im kalten Wasser ungesund ist. Dann bin ich dran. Am Seil hangele auch ich mich die ausgewaschenen

Stufen hinunter, steige in das schwankende Gummiboot, stecke die gelb-blauen Paddel in die Halterungen und lege mit der *Flipper 3* ab. Kurze Zeit später verschwinden das Boot und ich aus dem Blickfeld meines Mannes: Ich rudere in den Teil der schönen Schlucht von Elduvík hinein, den man nur vom Wasser aus erkunden kann.

Sanfter Seegang schwappt in die Felsspalte, die urzeitliche Kräfte in die Landmasse gehauen haben müssen, und hebt und senkt das Gummiboot, mit dem ich tiefer und tiefer in die zerklüftete Spalte und ihre Akustik vordringe, die alle Geräusche verstärkt und rein zu waschen scheint. Seevogelrufe; Plätschern; Gurgeln; Tropfen. Vielleicht dreißig oder vierzig Meter rudere ich so, dann sind *Flipper 3* und ich am Ende angelangt – oder am Anfang, je nachdem, wie herum man es denkt. Ohne zu wissen, warum, halte ich die Luft an. Dann ziehe ich die Paddel ins Gummiboot und lasse mich, zu drei Seiten von aufragenden Felswänden umringt, auf dem Wasser treiben. Da, wo das Türkis am Rand gegen das Gestein schwappt, wachsen Trillionen winziger Muscheln und bunter Flechten. Ich sehe ein Loch, vielleicht ist es der Zugang zu einer versteckten Grotte. Und jetzt, wo ich mich vorbeuge, entdecke ich in einem orange-braunen Tangwald, der unterhalb der Wasseroberfläche sachte hin- und herschwankt, ein Blumentier, eine pinkfarbene Seeanemone. Das ist der Moment, in dem ich weiß, dass ich wiederkommen werde. Nicht mit einem Gummiboot, sondern mit Kaltwasserneoprenanzug, Schnorchel und Maske, die ich mir endlich besorgen muss. Im Winter soll die Sicht am besten sein.

Abends schicke ich Malan, die sich wie ich für detailgetreu kolorierte Darstellungen aus der Botanik, die Eigen-

tümlichkeiten von Pflanzen und Tieren und die Gesetzmä-
ßigkeiten der unbelebten und belebten Natur begeistern
kann, eine Nachricht mit einem der Fotos, die ich von
der Seeanemone gemacht habe. Viele sind es nicht gewesen, weil ich Angst hatte, dass mir mein Smartphone ins
Wasser fällt, und zudem die Luftkammer, auf der ich im
Gummiboot saß, nicht ganz dicht war und meine kurze
Hose bereits ziemlich nass wurde. Malan schreibt zurück,
wie schön sie die pinkfarbene Seeanemone finde. Dass
Seeanemonen die Blumen des Ozeans seien. Dass sie Blumen liebe. Und dass es dafür, abgesehen von den üblichen,
einen besonderen Grund gebe. Eine Geschichte. Wenn ich
Lust habe, soll ich sie die Tage besuchen kommen. Nicht in
Elduvík, sondern in ihrem zweiten Haus in Kollafjørður auf
der Insel Streymoy, in dem sie gerade ist.

Zwei Dinge muss man wissen. Erstens: Malans Küche
ist eine, in der man gerne sitzt; klein, die Schränke hat sie
hellblau angestrichen, ein schöner Kontrast zum Pastell-
grün und zur Nebelsuppe vorm Fenster; auf dem Tisch stehen Kekse, Teetassen, Marmelade und selbst gebackene
Brötchen. Zweitens sollte man darüber im Bilde sein, dass
Malan als Kind dort gewohnt hat, wo heutzutage alle hinwol-
len, die die Färöer besuchen, besonders die mit den großen
Kameraobjektiven. Dass Malan, während sie auf dem Holm
des Außenpostens auf Abenteuersuche ging, von flappen-
den Papageitaucherfüßen umgeben war. Zu einer Zeit, als
ihr Vater der Leuchtturmwärter von Mykines war, beschlossen er und Malans Mutter, dass das Mal, die Schrunde,
die Narbe wieder etwas anderes sein sollte, etwas Gutes.
Und so bestellten sie Samen, die mit dem Boot angeliefert
wurden, als einmal das Wetter passte, verstreuten sie und

drückten die Erde fest. Erst einmal passierte nichts. Dann aber begann etwas Neues zu wachsen. Und aus dem Bombenkrater – ein Überbleibsel eines Luftangriffes der Deutschen aus dem Zweiten Weltkrieg – wurde ein großes, buntes Blumenbeet.

Nachdem Malan mir die Geschichte erzählt hat, ist es eine Weile still in ihrer Küche. Dann sprechen wir langsam wieder. Über auf den Inseln heimische essbare Pflanzen, Angelika, Sauerampfer, Löffelkraut, und was davon man sich in den Mund stecken kann, Stil, Wurzel, kandierte Blüte, als Öl, Tee, Cremesuppe; Malan kennt sich aus. Wann der erste Mensch hier ein Feuer entfachte und Abendessen kochte, weil nach der beschwerlichen Reise allen die Mägen knurrten und einige hinter vorgehaltener Hand quengelten, dass ihnen kalt sei, weiß sie allerdings auch nicht. Aber wir vermuten, dass ganz schnell etwas da war, das haltbar gemacht werden musste. Ein Fisch. Ein Vogel. Ein Schaf. Dass man Vorräte anlegen musste, um zu überleben, und zu diesem Zwecke herumexperimentierte, bis man herausgefunden hatte, welche Konservierungsmethode auf den Inseln am besten funktioniert: eine Mischung aus Fermentation und Reifung an der Luft. Eine Wissenschaft für sich, bei der im Hjallur, dem winddurchlässigen Holzschuppen, verschiedene Faktoren eine Rolle spielen. Temperatur, Windmenge und -stärke, Luftfeuchtigkeit, Lage des Trockenschuppens, beim Schafffleisch, das roh aufgehängt wird, welches Gras die Tiere gefressen haben, bevor sie geschlachtet wurden, und so weiter. Nicht zu vergessen: die Dauer; der ewige Faktor Zeit. Ræstur ist eine der Herstellungsstufen, die erreicht werden kann, die Käseladenassoziation, das will man probieren; oder gebratene Kabeljaubäckchen; marinierten Lachs; Trockenfisch, auf den man mit einem Hammer oder Stein haut, bevor man ihn isst, sonst kaut man ewig; Krabbenfleisch, süß wie Melone; Rüben, die nach saftiger Birne schmecken – leider wachsen auf meinem Feld noch keine, dafür aber Kartoffeln und Rhabarber –, oder hausgemachte Lammwurst.

Frida ruft an und fragt, ob ich ihr helfen kann. Morgen kommt einer der Busse, die während der Sommermonate gelegentlich im Dorf auftauchen. Ich sage zu.

Das Konzept heißt Heimablídni, Zu-Hause-Gastfreundschaft, und bedeutet, dass Touristen bei Färingern zu Hause essen. Während der Bus, aus Richtung Tórshavn kommend, in Saksun hält und die Reisegruppe auf die Kirche und die Lagune schaut und sich die Füße vertritt, stellen Frida und ich in ihrer Wohnküche Thermoskannen auf Tische, klappern mit Besteck und bereiten die 35 Sandwichteller vor, die bestellt wurden: Roggenbrot, Fischpaste, Lammwurst, zwei Teller ohne Fleisch, dafür Obstsalat, alles selbst gemacht. Für gewöhnlich kommt wenig später der Bus, die Touristen werden von ihrem Guide ins Haus von Poul Johannes und Frida eskortiert, essen, machen im Dorf einen Spaziergang, und dann fährt der Bus wieder ab. So ist es auch diesmal. Da bin ich aber schon auf der Flughafeninsel und erlebe den Streit.

Als ich nach meiner Hilfsaktion bei Frida spontan bei Freunden vorbeischaue, haben sie ebenfalls Heimablídni-Besuch, von einem Paar aus München, das am Küchentisch sitzt und isst. Sie hat Karotten, Rüben und Kartoffeln auf dem Teller, er all dies und dazu Lammbraten mit brauner Soße. Nachdem die Konversation zwischen dem Paar und den Gastgebern eine Zeit lang hin- und hergeplätschert ist, fragt der Münchner plötzlich, ob er Grindwal probieren könne. Sie wirft das Besteck hin und sagt, dass sie genau das vor der Reise besprochen hätten: dass er auf gar keinen Fall Grindwalfleisch esse; das Meer färbe sich rot, »das ist widerlich, barbarisch und gehört nicht in die heutige Zeit«. Er antwortet, dass er das anders sehe, der umstrittene Grindwalfang, der auf den Färöern praktiziert werde, habe den Färingern jahrhundertelang das Überleben gesichert, »er folgt Regeln, ist Selbstversorgung und tausendmal besser als Äpfel, Avocados und Super Foods, die um die halbe Welt reisen«, und er habe ihr gar nichts versprochen. Als dann auch noch der Hausherr mit einem Teller zurückkommt, auf dem getrocknetes Grindwalfleisch und Walspeck liegen, steht sie auf, zieht sich wortlos die Schuhe an und lässt die Haustür hinter sich ins Schloss fallen. Er bleibt sitzen und kaut. Den Speck findet er tranig. Beim Grindwalfleisch schmeckt er »Meer, Blut und jede Menge Eisen«. Anschließend bedankt er sich für die Zu-Hause-Gastfreundschaft, steht auf und sagt, dass er seine Freundin suchen gehe.

Wie so oft bin ich auf der Terrasse. Gestern hat im Ultramarin der Abendluft ein erster Hauch von Herbstkälte gelegen. Jetzt am Vormittag ist es warm, und am Himmel stehen optimistische Schäfchenwolken. Als ich mit meinem Kaffeebecher auf Socken zur Holzbank laufe, höre ich unter mir ein Geräusch – und aus dem Nichts taucht neben der Terrasse wieder der Hase auf. Zuerst die Ohren. Danach der Kopf. Einen Moment lang schauen wir uns an. Dann reckt der Hase sich und verschwindet gemächlich im gelb betupften Hang.

Trödelige Zeit verrinnt. Mittlerweile geht es auf Mittag zu, und ich habe das Gefühl, dringend etwas unternehmen zu müssen. Also rufe ich Frida an und frage sie, ob wir zusammen Knettir, färöische Fischbällchen, machen wollen. »Wieso nicht?«, meint Frida. Eine gute Viertelstunde später sitzen wir im Auto und fahren am Ortsschild von Elduvík vorbei in Richtung Supermarkt am Sund. Ich habe das einmal mit meinem Fahrrad versucht, das zwischenzeitlich mit auf die Inseln gereist war. Bis Funningsfjørður geht es, vor großer Kulisse am Fjord entlang, sieben Kilometer konstant durch Schlaglöcher und in Kurven bergab. In Funningsfjørður angekommen, dämmerte mir, dass es auch noch so etwas wie einen Rückweg gibt, und ich beschloss, mir die weiteren zehn Kilometer und den Besuch im Supermarkt zu sparen. Nachdem mein Fahrrad – davon bin ich felsenfest überzeugt – das erste und letzte gewesen war, das jemals in Funningsfjørður über den federnden Metallsteg geschoben wurde, um im Hafen den Booten Guten Tag zu sagen, schaltete ich an den Gängen meines Mountainbikes herum und begann, bergauf zurück nach Elduvík zu fahren. Sagen wir so: Ich kam an. Ohne abzusteigen. Manchmal muss man stur sein. Eine gewisse Sturheit und Entschlossenheit an den Tag zu legen ist grundsätzlich gut. Dann kann etwas gelingen, woran sonst niemand glaubt.

Dieses Jahr gibt es besonders viele Regenbogen. Oder es kommt mir einfach nur so vor. Der, den ich sehe, als ich diesmal auf der Terrasse stehe, spannt sich einmal über das gesamte Dorf. Drei Tage nachdem Frida und ich mit feuchten Händen die Fischbällchen geformt haben – nicht zu groß und nicht zu klein; der Clou ist, dass man

Schaftalgstückchen in die Fischmasse gibt –, glitzert Regenglanz auf Gartenmöbeln, Hecken und Wegen. Das Weiß und Rot und Gelb und Grün und Blau der Häuser leuchtet. Alles in Elduvík sieht frisch, rein, wie lackiert aus unter diesem dicken, bunten Regenbogen. Den zweiten Regenbogen sehe ich im Rückspiegel, als ich am Fjord entlangfahre. Der dritte hinter dem Tunnel am Kaldbaksbotnur ist nicht ein Regenbogen, sondern zwei. Dann bin ich in Tórshavn angekommen und laufe zum Kaffihúsið an der Marina. Im sonnigen Hafenbecken spiegeln sich, leicht verzerrt, Mastbäume und Boote im Wasser. Ich frage mich, wo sie schon überall gewesen sind und wohin die nächste Reise geht. Ob es bekannte Gefilde sein werden, die sie ansteuern, was für Entdeckungen gemacht werden.

Im Kaffihúsið und davor ist es wie immer voll. Deshalb sitzen Leif und ich drinnen am großen, runden Tisch im Shop. Nehmen wir einmal an, man könnte Sturheit messen. Dann wäre die, mit der ich auf meinem Mountainbike bergauf zurück nach Elduvík geradelt bin, ein Ameisenhaufen und das, was Leif gemacht hat, die Besteigung des Mount Everest. Nachdem er als Koch in Frankreich und in der Sternegastronomie Kopenhagens gearbeitet hatte, war er, von einer gewissen Sturheit und Entschlossenheit angetrieben, auf die Färöer zurückgekehrt, hatte das Restaurant Gourmet in Tórshavn eröffnet und ein Fleischgericht ohne Kartoffeln und ein vegetarisches auf die Karte gesetzt – zu einer Zeit, als es eine Restaurantkultur auf den Inseln noch gar nicht gab. Gäste kamen und lachten über Gerichte, Preise und Portionen.

»Nichts war einfach«, sagt Leif. »Aber ich wollte das unbedingt machen.« Zu Beginn habe niemand Fisch an ein lokales Restaurant verkaufen wollen. Es sei nicht üblich gewesen. »Immer hieß es: Nein, wir verkaufen nur ganze Container.« Das Gourmet existiert nicht mehr. Aber der Anfang war gemacht.

Heutzutage reisen Foodies aus aller Welt in den Norden und essen in Leifs zweitem Restaurant, KOKS, das als »Pop-up« tourt und sich auf den Inseln zuletzt in einem alten Farmhaus am See Leynavatn befand. Als ich das erste Mal im KOKS war – Birgir hatte zwei Freundinnen und mich eingeladen –, hatte Leif das Restaurant als Chefkoch bereits wieder verlassen. Nachdem ich eine Zeit lang beim kulinarischen Ballett in der Küche hatte zuschauen können, setzte ich mich zurück an unseren Tisch und aß und trank, was Leifs Nachfolger Poul Andrias und sein Team uns servierten: rohe Islandmuschel an einer Creme mit Rüben und Petersiliensoße; Kaisergranat, auf dem Holzkohlengrill im Rauch von Kiefernnadeln gegart; Skerpikjøt aus Gásadalur mit knuspriger Rentierflechte und einer Creme aus Pilzen und Holunderbeeren; Weine; gegrillter Rochen mit Erbsen und Liebstöckelpesto; Algenmousse mit kristallisierter dunkler Schokolade und fermentierten Blaubeeren. Lauter kleine Gänge, schön wie Gemälde. Zwischendurch war ich derart auf die Optik und die Details der kunstvoll angerichteten Teller konzentriert, dass ich versuchte, einen Teil der nicht essbaren Dekoration (einen Tannenzapfen) zu verspeisen.

Ein anderes Mal war ich im Restaurant, um meine Lesebrille abzuholen, die ich bei einer Freundin, die im KOKS arbeitet, hatte liegen lassen. Als ich ankam, begann gerade das Essen, zu dem sich Poul Andrias und seine Mitstreiter gemeinsam hinsetzen, bevor der Service beginnt, und ich wurde gefragt, ob ich mitessen wolle. Was es gab, habe ich aus unerfindlichen Gründen vergessen. Nicht aber die Atmosphäre, die am Tisch herrschte: eine ruhige und zugleich energiegeladene Fokussierung auf das, was kommen würde. Eine Fokussierung auf das Wesentliche.

Der »Guide Michelin« zeichnete das KOKS unlängst mit zwei Sternen aus.

Wie gewöhnlich, wenn wir etwas zu bewundern haben, forschen wir nach. »Seeanemonen«, lese ich Malan aus der Beschreibung einer färöischen Briefmarke vor, als wir wieder einmal zusammen in ihrer Küche sitzen, »sind mit Korallen verwandt und kommen in allen Weltmeeren vor, im Flachwasser ebenso wie in dunklen 10 000 Meter Tiefe.« Ich schiebe den Kiefer vor und mache einen Druckausgleich.

»Sie besitzen kein Skelett und leben solitär, während die Mehrheit der Korallen Kolonien bildet. Trotz des blumenähnlichen Aussehens sind die meisten Seeanemonen Raubtiere. An ihrer Oberfläche befinden sich Nesselzellen, vor allem an den Tentakeln, an denen bis zu zwei Millionen dieser Zellen sitzen können.«

Ich tippe. »Oder hier, ein Artikel der *Welt:* Die Seeanemone feuert ihre Nesselprojektile mit 40 000-facher Erdbeschleunigung ab – die schnellste Bewegung, die jemals in der Natur gemessen wurde. Und an der Wiener Uni wurde die Seeanemone *Nematostella vectensis* erforscht. Sie ist ein idealer Modellorganismus, weil sich ihr Körperbau im Gegensatz zu allen Wirbeltieren entwicklungsgeschichtlich über mehrere Hundert Millionen Jahre kaum verändert hat. Sie besteht aus nur zwei Keimblättern und besitzt kein Gehirn und keine Organe, ist also sehr simpel strukturiert. Gleichzeitig ist ihre genetische Landkarte der des Menschen gar nicht so unähnlich, das macht sie für Evolutionsbiologen so interessant.«

Malan hört zu und nickt. Ich klicke mich weiter durch die Weiten des Internets. »Das Gift aus den Nesselzellen lähmt die Beute, die eingefangen und durch den Mund in den einzigen Hohlraum transportiert wird, wo die Verdauung stattfindet.« Ich verziehe die Lippen, Malan lacht. »Um sich festsetzen zu können, braucht die Seeanemone eine feste Unterlage. Sie ist in der Lage, sich auf ihrem Fuß kriechend fortzubewegen, mit einer Geschwindigkeit von weniger als zehn Zentimetern pro Stunde.« Ich schaue Malan an, die sich das Kinn reibt, und mache »hui«. »Es gibt Arten, die sich bei Bedarf vom Untergrund lösen und mit der Strömung davontreiben. Einzelne können sogar mithilfe ihrer Tentakel und ihres muskulösen Körpers schwimmen, den sie, nachdem sie sich vom Grund abgestoßen haben, langsam vorwärts- und rückwärtsbewegen, eine Art Pendelbewegung; was durchaus praktisch sein kann, wenn ein Fressfeind angreift.« Ich mache Krallen und ein Tigergesicht; Malan grinst. »Zu den Feinden der Seeanemone gehören Nacktschnecken, Fische und Seesterne. Bisher wurden dreißig Arten von Seeanemonen auf den Färöern lokalisiert, doch es gibt vermutlich weitaus mehr.«

Auf meinem Smartphone wechsle ich zu »Fotos«, rücke mit meinem Stuhl an Malan heran und zeige ihr die Screenshots, die ich gemacht habe, als ich zuletzt im Internet unterwegs war. Ich hatte wissen wollen, welche Blumen der pinkfarbenen Seeanemone ähneln, an der ich mit dem Gummiboot vorbeigefahren war – es sind gewisse Chrysanthemen und Dahlien mit Namen wie Larry, Havelschwan, Allouise Pink, Dutch Explosion und Spider.

Nachdem wir das Erscheinungsbild der Blüten mit dem des Blumentieres verglichen haben, erklären wir die Seeanemonenrecherche für vorerst beendet. Ich blättere in zwei von Malans Kochbüchern herum – die färöischen Standardwerke, die erstmals 1974 und 1987 veröffentlicht wurden – und überfliege Rezepte. Für ungesäuertes Brot. Blutwurst. Buttermilchschale. Schafskopf. Pfannkuchen. Waffeln, die Guter Rat heißen. Dorschköpfe. Rhabarbersuppe. Gekochtes Grindwalfleisch mit Kartoffeln. Hasenbraten für vier Personen. Leberpastete. Fermentierter und luftgetrockneter Fisch. Lachskuchen. Geschmorte Trottellumme.

Und, im neueren Buch auf einer der hinteren Seiten, Muschelcocktail im Glas – was viele Färinger wie gesagt nicht essen, grundsätzlich und aus Prinzip nicht. Ich habe mich umgehört. Die einen sagen, dass sie nichts zu sich nehmen, das ihnen zu roh oder zu sehr Weichtier ist, weil sie allein die Vorstellung verabscheuen und zudem Angst haben, sie könnten sich vergiften. So, als ob vor langer Zeit an einem stürmischen Tag ein Vorfahre an einem Strand gestanden und eine schlechte Muschel geschlürft hätte und es seitdem in der DNA der Färinger festgelegt wäre. Andere sagen, dass Muscheln und Schnecken nur kleine Köder seien, mit denen man große Fische fange; dazu zeigen sie mit den Händen das Größenverhältnis: klein – groß. Eine weitere Erklärung lautet, dass man Schalentiere, genau wie Algen, einst aus der bitteren Not heraus gegessen habe, wenn man überhaupt nichts anderes mehr gehabt habe; das hänge nach.

»Früher, und das ist auf den Inseln noch gar nicht so lange her, ging es nicht um Kochkunst, sondern darum, einen vollen Bauch zu haben, satt zu sein«, sagt Malan, die mir beim Blättern zuschaut. Ich frage sie, wann genau sie eigentlich als Kind auf Mykines gelebt habe. Von 1955 bis 1963, sagt sie. Der Leuchtturm, der Holm, die Insel, der Außenposten des abgelegenen Archipels waren ihr Spielplatz und ihre Heimat.

»Ich weiß bis heute, wie es im Haus gerochen hat. Ich höre die Vögel von Mykines singen und die Stimmen der Menschen, die der Lebenden und die der Toten. Jeder machte sein eigenes Brot, seine eigene Leberpastete und seine eigene Wurst, jeder hatte ein Stück Land mit Kohlrabi, Mairübchen, Petersilie, Rhabarber und Kartoffeln. Ständig war ich draußen. Mein Vater hat mich überallhin mitgenommen. Wir haben zusammen Vögel gefangen, bestimmte Basstölpel, Papageitaucher und Eissturmvögel, aber nur dort, wo man kein Seil brauchte. Es kam vor, dass Männer sich beim Vogelfang abseilten und ins Meer stürzten. Andere fielen beim Schafetreiben über eine Klippe.«

Kulinarische Ethnologen des Noma – das dänische Restaurant wurde mehrfach zum besten der Welt gewählt – reisten eines Tages auf die Färöer, und Malan hat sich genau hier, in der Küche mit den hellblauen Schränken, eine Schürze umgebunden, die Ärmel ihres Pullovers hochgeschoben und Lammbraten für sie zubereitet. Ein Ereignis, das die Runde machte auf den Inseln. Obwohl Malan selbst, bescheiden, wie sie ist, überhaupt nicht gerne darüber spricht. Eine Weile muss ich bohren.

»Sie haben gemeint, dass es das beste Fleisch war, das sie je gegessen haben«, sagt sie schließlich. Um sogleich etwas recht Philosophisches hinterherzuschieben, typisch: »Du bist, was du isst. Alles, was du in dich hineinsaugst, bleibt. Das gilt für Essen, aber auch für ganz andere Dinge, zum Beispiel Filme. Ich wäge ständig ab, ob ich für eine Sache wirklich Platz in meinem Gehirn machen will. Man sollte sich schon überlegen, was man mit der Zeit, die man auf dieser Erde hat, anstellt, falls man einen Einfluss darauf hat. Womit man sein Gehirn füttert; nach welchem Rezept, wie man lebt.«

Die darauffolgenden Tage sind mit Spätsommeraktivitäten ausgefüllt. Poul Johannes und mein Mann ziehen das Boot aus dem Wasser und hieven es mit der elektrischen Winde ins Bootshaus, in dem es überwintert. Der exzentrische und in die Jahre gekommene Yamaha-Motor muss ausgetauscht werden. Er springt nicht mehr verlässlich an. Bei niemandem, der am Starterseil zerrt und zieht. Das ist unangenehm, wenn man mit einem kleinen Boot am Rande der Tiefen herumschippert. Am Wasserlauf im Tal balanciere ich barfuß über Felsen und finde ein Spielzeugauto, das neben einem Findling im Moos parkt und auf dem »Sheriff« steht. Erling trägt einen Stuhl heraus und setzt sich vor seinem Haus in die Sonne. Frida backt in der Wohnküche, über der ein Regenbogen steht, eine Schichttorte mit Johannisbeermarmelade. Bjarni, den ich besuchen gehe, erzählt mir, dass sich neben der Fläche am Strand, die als Campingplatz genutzt werden kann, eine Touristin bis auf die Unterwäsche ausgezogen und im Bach gewaschen hat, da sitzt man bei ihm in der ersten Reihe.

Als ich zurück nach Hause komme, stellt sich heraus, dass mein Mann und Steintór an Eiði vorbei raus zum

Fischen gefahren sind. Mit meinem Laptop bin ich auf der Terrasse und schreibe, aber ohne Sonnenbrille ist zu viel Licht, und mit ihr kann ich auch nicht richtig sehen. Zehn Minuten halte ich durch. Dann gebe ich auf. Als ich aufblicke, sitzt im Hang der Hase, und vor dem Haus des Kapitäns steht dessen Auto.

Zuletzt hatte ich im Museum an Sonny denken müssen, da, wo es um Seefahrt und Schiffe geht und ich mich vorbeugte, um die Etiketten der Schachteln, Röhrchen, Tuben und Flaschen zu studieren, die in den Fächern einer Holzkiste standen. Eine alte Schiffsapotheke, ausgestattet mit einem Potpourri an Mitteln: Kampfertropfen. Schwefelpaste. Wismutpillen. Starker Codeinsaft. Kupfersulfatbrechmittel. Zinkpulver. Glycerin. Kohletabletten. Opiumtropfen. Kamillenblüten – vermutlich, damit man dem schreienden Matrosen, dem ein gestreifter Katfisch drei Finger abgebissen hatte, einen schönen Tee kochen konnte. Ich hätte die Opiumtropfen genommen, auf der Stelle, sofort. Jedenfalls habe ich Sonny seit geraumer Zeit nicht mehr gesehen. So ein Kapitän ist ständig unterwegs. Oder Sonny war in Elduvík, wir aber gerade nicht. Nun räumt er mit seiner Frau Kaja Tüten und Taschen ins Sommerhaus, winkt und macht mit der Hand eine Kaffeetrunk-Bewegung, ich soll rüberkommen. Ich schlüpfe im Flur in ein Paar Gummischuhe und laufe hin. Als wir am Tisch sitzen und ich zwischen Häusern hindurch auf die Bucht und die Bootshäuser schaue, fragt Sonny, wie es in Berlin gehe. Ich stelle meine Tasse auf die Untertasse und sage, dass wir nicht mehr in Berlin wohnen.

Die Zeit fließt dahin, so lange, bis das Ticken aufhört und sie abgelaufen ist. Morgen Mittag. In fünfzig Jahren. Heute nach dem Zähneputzen im Bad. Was man bis dahin nicht erledigt hat, bleibt liegen. Ungeschehen. Verpasst. Auf ewig ins Reich des seufzend Hypothetischen, in den dröhnenden Kanon der ungelebten Möglichkeiten verbannt. Selbst wenn man an Erlösung und Auferstehung, ein Paradies oder Seelenwanderung glaubt: Für dieses Leben war's das dann. So einfach ist das. Gegärt hatte es seit Langem. Nachdem mein Mann und ich uns eingestanden hatten, dass, küchenbildlich gesprochen, die Tasse – Berlin – nicht mehr zur Untertasse – die Färöer – passte oder der Topf zum Deckel oder umgekehrt, hatten wir uns auf die Suche begeben, die damit endete, dass wir mit Blick auf eine kleine Straße, Wiesen und Schafe in einem rot geklinkerten Haus standen und unsere Kisten auspackten.

»Na, das sind ja Neuigkeiten«, sagt Sonny. »Wo wohnt ihr denn jetzt in Deutschland?«

»Ganz im Norden. Schleswig-Holstein. Das Land zwischen den Meeren. Dorf, nicht Stadt. Berlin war nicht mehr unsere Welt. Jetzt leben wir gute fünfzehn Minuten von der Nordsee und der dänischen Grenze entfernt. In Nordfriesland. Die nächsten Inseln sind Föhr, Sylt und auf dänischer Seite Rømø.«

»Kenne ich«, sagt Sonny, »Seefahrerland, toll.«

Als wir ausgetrunken haben, verabschieden wir uns voneinander und sagen Auf Wiedersehen bis zum Winter. Mein Mann kommt gegen Mitternacht nach Hause, filetiert auf dem Küchenbrett Dorsch und macht Fish and Chips. Dann legt er sich ins Bett und hört noch lange Musik. In dieser Nacht, in der die Dunkelheit mit Sternen übersät ist, stehe ich auf der Terrasse und betrachte die Milchstraße, ein helles Band am Himmel. Ich frage mich, woher das Universum kommt und das Glück.

Wenn ich das nächste Mal wiederkomme, wird der Hase sein Winterfell tragen.

seyður [ˈsɛiːjʊɹ]

Schaf Nummer 21

Ein tiefes, sattes, lang gezogenes Ta-Tü-Ta-Tü. Die Sirene des Feuerwehrautos, das am ersten Advent die Dorfstraße hinabrollt, kommt näher. Blaulichtblitze zucken. Akustisch verschwommene Megafondurchsagen, die ich nicht entschlüsseln kann, hallen durch die Dunkelheit. Dort, wo die Straße an der Bucht einen Knick macht, wird das Fahrzeug langsamer und hält; am Weihnachtsbaum von Elduvík, dessen Lichter soeben im Rahmen einer feierlichen Zeremonie mit Blaskapelle eingeschaltet wurden. So gehört sich das für den tapfersten Weihnachtsbaum der Welt, der wie immer mit Spannseilen gesichert wurde und bereits leuchtet, als Weihnachtsmänner mit Akkordeon und Gitarre aus dem roten Feuerwehrauto steigen, »Ho-ho-ho« rufen und zu tanzen und singen beginnen. Einer von ihnen, mutmaßt Poul Johannes scherzhaft, sei Santa. Die anderen vier hätten sich verkleidet und sähen wie Santa aus. Nachdem alle, die zusammengekommen sind – ich zähle in etwa vierzig Leute, das ist eine Menge für Elduvík –, im Schein der Lichter des Weihnachtsbaumes Lieder angestimmt haben, darunter die färöische Version von

»Rudolph, the Red-Nosed Reindeer«, klettern die Weihnachtsmänner zurück ins Feuerwehrauto, winken, werfen die Sirene an, fahren die Dorfstraße hoch und verschwinden hinter der Kurve.

Auf die Sirene folgt Ruhe. Als ich das letzte Mal hier war, waren die Grassoden grün und thronten auf dem Dachfirst. Jetzt liegen sie auf der Terrasse, von der ich mit klammen Fingern die Einzelteile aufsammle. Wind peitscht meine Jacke und den Kehrbesen, mit dem ich Erdklumpen, Hagelkörner und Gras in den braun gewordenen Hang fege, auf dem Zottelschafe grasen. Die Holzbohlen müssen sauber sein, damit ich, falls es heute Nacht regnet und friert, morgen auf Gummischuhen über die Terrasse schlittern kann; auch Schafe haben ein Anrecht auf Unterhaltung. Meinen Mann betrifft das nicht, er hat noch in Deutschland zu tun und kommt nach. Unter anderem erwartet er ein Paket, das er mit auf die Inseln nehmen möchte.

Eine weitgehend ereignislose Woche geht ins Land, die ich mit mir selbst verbringe, in meiner eigenen kleinen Galaxie: Feuer im Kamin machen; zuschauen, wie es nachmittags um zwei dunkel wird; in Jogginghose unter dem Grasdach auf dem Sofa liegen und Weihnachtsfilme gucken; bemerken, dass es drei Tage lang gar nicht mehr hell wird; eine Mütze aufsetzen und im Regenguss eine Runde drehen, weil ich rausmuss, mich bewegen; den Weihnachtsstern, der im Küchenfenster hängt, die goldgelben Asteroidenkleckse auf dem nachtschwarzen Backblech und das Dorf im Laternenschein fotografieren. Als ich am siebten Tag dieser weitgehend ereignislosen Woche aufwache, höre ich es rauschen und beobachte Wellen, die in die Bucht donnern. Von der Terrasse sieht es wie immer am besten aus. Eine Weile schaue ich zu. Dann eise ich mich los. Es wird kalt.

Mittags im Wohnzimmer, ich sitze gerade am Tisch, höre ich auf einmal Rufe. Zuerst kann ich das Geräusch nicht zuordnen und habe den Kühlschrank im Verdacht, der zuweilen versucht, mit einem Laut, der einem gequietschten »Ui« gleichkommt, auf sich aufmerksam zu machen. Aber es ist etwas anderes. Ich greife nach meiner Jacke, ziehe die grünen Gummistiefel mit dem weihnachtsmannroten Neopren-Innenfutter an und laufe los. Vor der alten Schule stehen bereits ein Nachbar und zwei seiner Freunde, mit Händen in den Taschen und wippenden Füßen. Gemeinsam schauen wir einem Surfer zu, der paddelnd auf seinem Brett liegt, aufspringt und eine Welle reitet. Als er versucht, im Wasser die richtige Position für die nächste Welle zu finden, sehe ich, wie weit draußen er noch stehen kann. Vielleicht stützt er sich auch nur auf dem Brett ab, und ich kann es der Entfernung wegen nicht erkennen.

Kurz darauf sitze ich wieder am Tisch, lasse die kalten Finger über Buchstaben streichen (Gummistiefel und Jacke habe ich anbehalten) und verschicke Nachrichten. Ich will endlich selbst da draußen sein, mit Kaltwasser-Neoprenanzug, Schnorchel und Maske – die ich mir leihen muss, also schreibe ich alle an, die für ein solches Unterfangen infrage kommen könnten. Ortskundige Begleitung wäre ebenfalls nicht schlecht. Schließlich will ich nicht in einer Pfütze schnorcheln, sondern im Nordatlantik. In der Felsspalte von Elduvík, an der pinkfarbenen Seeanemone vorbei, die hoffentlich noch nicht weitergekrochen ist. Und eventuell rein ins Loch, in das – leicht abschüssig – Wasser hineingurgelte, während ich, zu drei Seiten von Felswänden und bizarren bunten Gesteinsformationen umgeben, im Gummiboot saß und zuschaute. (Hinter besagtem Loch verbirgt sich, wie ich inzwischen erfahren habe, übrigens keine Grotte, sondern ein kurzer, etwa ein Meter hoher, mal mehr, mal weniger gefluteter natürlicher Felsengang, in den man hineintauchen oder -schwimmen kann.) Ein Seil wäre auch gut. Und eben jemand, der weiß, was er tut, was wir tun.

Ein anderer Tag, wieder bin ich im Wohnzimmer – das augenblicklich etwas von einem Iglu hat. Was daran liegt, dass ich nicht mehr rausgucken kann, bis auf Sichtschlitze, die sich sporadisch bilden, wenn der Schnee, der gegen das Panoramafenster gepresst wird, den Halt verliert und abrutscht, bevor neuer die Lücke schließt und wieder alles Schnee ist. Gekästelte zwei mal zwei Meter, eine Igluwand aus Schnee und kein Fenster mehr. Die Welt bleibt draußen. Die Klangverhältnisse ändern sich zu gedämpft. Das Wohnzimmer ist eine Igluklangzone, umgeben von arktischem Licht und Eisbären, die mit Schneehasen und Schafen durch das Dorf laufen. Um das zu wissen, braucht man nicht zu reden, zu schauen, zu hören. Man stellt es sich vor. Für die Dauer des Sturms, der drei Tage anhält – auf der Wetterapp ein Wirbel aus dunkellilafarbenen Strichen über Island und den Färöern –, ernähre ich mich im Iglu überwiegend von Rührei mit Shrimps und portioniertem Dorsch, den ich aus der Gefriertruhe nehme, weil der Kühlschrank bis auf zwei Packungen Eier und ein Glas Rote Beete leer ist. In den Vorratsschränken sieht es auch nicht besser aus – ich habe es verpasst, mit dem Hundeschlitten zum Einkaufen zu fahren.

Als der Schnee auf den Fensterscheiben schmilzt und das Iglu, die Eisbären und die Schneehasen verschwunden sind, geht die Tür auf, und Poul Johannes kommt mit roten Wangen und einer Papiertüte die Treppe hoch. Er war im Supermarkt und hat mir ein Brot mitgebracht, weil er dachte, dass ich bestimmt keins mehr habe.

Was trieb die Schafe an den Strand? Mit dem Fernglas stehe ich am Küchenfenster und mache einen Schwenk über den zerfurchten Berghang, vor dem es plötzlich rot wird; wegen des Weihnachtssterns, der vor mir hängt. Am Strand sehe ich Schafe, die mit gesenkten Köpfen den Boden und die Räume zwischen den Steinen absuchen. Hinter ihnen rollen Wellen an Land, von denen der Wind Gischtfahnen abreißt, die in Richtung Tal segeln. Eine andere, größere Gruppe steht, dicht zusammengedrängt, in der Nähe der Bootshäuser hinter einer Steinmauer und sucht Schutz vor dem Wind.

Seit ich auf die Färöer gekommen bin, habe ich ziemlich oft Schafe im Sinn. Anscheinend reicht es diesmal aber nicht aus, dass ich einfach nur von ihnen umgeben bin, jetzt, wo sie im Winter durchs Dorf laufen. Nein, ich muss ihr Verhalten beobachten, sie fotografieren und filmen, über sie lesen, sprechen – mit Eivind beispielsweise darüber, dass das Fell meiner Sally Brown merklich heller geworden ist; eine Alterserscheinung, sagt er. Ich versuche sogar, Schafe zu malen. Einen Nachmittag lang bin ich Expeditionsmalerin und stromere mit Skizzenblock und Wachsmalstiften durchs Dorf. Die Ergebnisse zeige ich niemandem. Beim zweiten und dritten Versuch schiebe ich es darauf, dass die Farben der Bunt- und Aquarellstifte, die ich aus der Schublade genommen habe, nicht stimmen. Oder dass die Bleistifte zu viel oder zu wenig angespitzt sind. Die Wahrheit ist, dass ich nicht malen kann. Für meinen Blog habe ich einmal eine Karte der Färöer angefertigt, besser gesagt: die Umrisse der Inseln durchgepaust. Westlich von Skúvoy steht etwas im Meer, das ein Schaf sein soll und aussieht, als ob eine begabte Dreijährige es gemalt hätte. Ich frage mich, woran es liegt, dass einige Menschen die Dinge so zeichnen können, dass sie schön, plastisch, echt aussehen – und andere nicht. Wenn man vorhat, ein färöisches Schaf zu malen, das wie ein färöisches Schaf aussehen soll, dann muss es klein sein und schmale Beine haben. Und man sollte in der Lage sein, aus dem Stand die Falten und den Schattenwurf einer Tischdecke auf Zeichenpapier verewigen zu können, damit das Fell der Schafe richtig dargestellt wird; fluffig, voluminös.

Als ich am nächsten Vormittag aufstehe und im Flur an den Muscheln, der mit Schiffen bemalten Blechdose, dem Baseball, der Stirnlampe und der Krimskramsschale vorbeigehe, die auf dem Fensterbrett liegen und stehen, sind die Furchen des Berghanges mit Schnee bestäubt, und über den Strand laufen wieder Schafe. Im Lesezimmer schraube ich das 55–200mm-Objektiv auf meine Kamera, ziehe unten an der Treppe die graue Jacke und die warmen Gummistiefel an, hänge mir Tasche, Kamera und Fernglas um und beginne Minuten später am Strand mit meiner Tierbeobachtung, die, wie jede ihrer Art, ein gewisses Geschick erfordert; den richtigen Abstand; Geduld; eine Strategie; den Einsatz der zur Verfügung stehenden Mittel zur rechten Zeit. Um die Schafe nicht zu vertreiben, betrachte ich sie und das, was sie am Strand tun, eine

Zeit lang mit dem Fernglas und der Zoomfunktion der Kamera.

Mit einer Sache muss man klarkommen: Unser Strand ist keiner mit pinkfarbenem Sand, der Füße oder Vogelzehen wärmt. Der Strand von Elduvík besteht aus Steinen. Ein Wirrwarr aus Formen und Größen, in dem man seinen Weg finden muss: Hühnerei, Walrossrücken, Frisbee, zerlaufener Butterkeks, Robbe, Herz aus Stein, zerknautschter Medizinball, Kanonenkugel. Auch als Schaf. Vor allem, wenn man dort hinwill, wo das cremefarbene gerade steht: an vorderster Front, bei den Wellen. Jetzt kommt eine. Danach schüttelt sich das Schaf Wasser aus dem Fell; Tropfen fliegen wie bei einem Hund. Ein anderes scharrt mit dem Vorderlauf, das hat etwas von Pferd und Hoher Schule. Als es aufschaut, hat es ein dickes braunes Algenstück im Maul, auf dem es herumkaut. Deshalb sind sie also am Strand.

Im Sehfeld des Fernglases glaube ich, eine Flaschenpost ausmachen zu können. Aber sobald ich hinbalanciere, sieht alles gleich aus, obwohl ich mir zur Orientierung die Form eines Steines gemerkt habe. Die Flaschenpost ist verschwunden; oder sie war gar nicht da. Während ich mich am Strand nach unten bewegt habe, sind die Schafe nach oben ausgewichen. Ein Mensch mit Kapuze, der Algen einsammelt, auf Steinen ausbreitet, fotografiert und in einem Stoffbeutel verschwinden lässt, ist ihnen suspekt. Da halten sie lieber Abstand. So verlockend die Algen auch sein mögen. Poul Johannes und Eivind haben mir erzählt, dass es Schafe gibt, die geradezu verrückt nach Seetang sind – wegen der Vitamine und Mineralstoffe. Um die Schafe nicht weiter zu stören, setze ich mich etwas abseits mit meinem Notizbuch auf einen Stein und sinniere über das Leben. Da kommt man gar nicht drum herum bei so einer Kulisse. Mehr als unvorstellbare 7,7 Milliarden Menschen auf der Erde, und wer weiß, wie viele Orte, und ich sitze am Strand von Elduvík – nur die Schafe und ich – und zeichne Algen.

Die Steine, auf die ich schaue, erinnern mich an unser neues Zuhause in Nordfriesland. Vor dem rot geklinkerten Haus steht ein aus Findlingen und Sand gebauter hüfthoher Friesenwall, auf dem Kugelkiefern, Lavendel und Rosen wachsen und um den herum Landleben stattfindet. Nachbarschaftsgrillen mit den Bewohnern der kleinen Straße. Ein »Moin« und ein Lächeln beim Bäcker; ein Strandkorb im Garten. Uns gefällt es in Nordfriesland, das haben wir schnell festgestellt. Sieben Monate Nordfriesland, fünf Monate Färöer im Jahr ist unsere ungefähre Aufteilung. Andere leben in Berlin, Paris, Hamburg, Vancouver, London, Tokio oder Hannover; auf einem Hausboot in Amsterdam; in einem Wohnwagen in Brandenburg. Letztendlich sind die Fragen überall die gleichen. Wer bin ich? Wo komme ich her? Wo gehöre ich hin? Was soll das Ganze? Wie spät ist es? Und was mache ich als Nächstes?

Als in Elduvík der Wind schärfer wird und es zu regnen beginnt, beschließe ich, dass der Lesesessel in unserem Haus am Meer ein bequemer Platz ist, um Algen zu bestimmen. Meine Skizzen kann man wie immer vergessen.

Nachdem ich mir die Finger an einer Teetasse gewärmt, den niedrigen Tisch mit Küchenpapier ausgelegt und den Inhalt des Beutels auf dem Papier verteilt habe, klicke ich mich durchs Internet und gleiche die Suchergebnisse mit

den Fundstücken, meinen Fotos und einer kunstvollen
DIN-A4-Themenkarte ab, auf der die Algen der Färöer abgebildet sind. Anschließend lege ich in meinem Notizbuch,
dem ich die Nummer 7/25 zuordne – ich habe angefangen,
meine Notizbücher zu sortieren und zu nummerieren –,
ein Verzeichnis mit Stichwörtern an. »Bernsteinfarbener
Zuckertang, muss von einem Sturm abgerissen und an
Land gespült worden sein, vermutlich von einer der Saatleinen der Algenfarm. Blasentang, ebenfalls eine Braun-
alge. Ledern, wächst in der Brandungszone. Die gasführen-
den Blasen geben der Alge (Farbe: Krötenbraun) Auftrieb.
Purpurner Lappentang, breit wie ein dicker Gürtel. Rot-
schwarzer Gabeltang, gegabelt. Algenfotos vom Strand:
Schlauch- und Stilartiges, bis zu einem Meter lang. Des
Weiteren blatt- und wurzelartige Strukturen. Nass, trocken,
schillernd (Wasserstand). Karminroter Kammtang unter
der Lupe: verästelte Verzweigungen, fein wie bei Dill. Auf
glattem Algenstück, Palmen- oder Fingertang: Abdrücke
und Einritzungen ausgemacht, die an Höhlenmalereien
erinnern oder an Lebenslinien auf einer Hand. Deutlich
erkennbarer Buchstabe: ein großes ›A‹. Schafe: Gesichter
wie immer ausdrucksstark, pfiffig, gewitzt. Wild. Die färöischen gehören zur Gruppe der Nordeuropäischen Kurz-
schwanzschafe. Schaf mit Halm (Seegras?) im Maul entdeckt. Sah aus wie ein Bohemien, nur die Blumenwiese
fehlte. Fazit: Hinschauen muss der Mensch. Tierbeobachtung: fortsetzen. Algen: pressen.«

Niemand weiß, wann genau das Leben auf der Erde begonnen hat, welche Dekade, vormittags, nachmittags, welche
Stunde, Sekunde, und wem eine solche Zeiteinteilung

damals etwas genützt hätte. Es ist so lange her, dass es selbst Naturwissenschaftlern schwerfallen dürfte, die Zahl, die im Raum steht, mit Sinn zu füllen; sie zu begreifen. Dreieinhalb Milliarden Jahre, nachdem die ersten Lebensformen in den heißen Tiefen eines Urmeeres aufgetaucht sein könnten, stehe ich im Lesezimmer am Meer und stapele Bücher übereinander, zwischen denen Algen stecken, die zu den ältesten Organismen der Erde gehören. Meine Verbindung zum Beginn des Lebens auf unserem Planeten, die ich mir als interaktive Grafik vorstelle, durch die man sich durchscrollt. Vom Jetzt und Hier über Mammuts und Säbelzahnkatzen, das Zeitalter der Dinosaurier, riesenhafte Urlibellen, Farne, Quastenflosser, Quallen und mehrzellige Grünalgen bis zu mikroskopisch kleinen Bakterien, Biomolekülketten und chemischen Reaktionen in Hydrothermalquellen am Grund einer Urtiefsee. Oder es war doch anders. Aber ein Anfang dürfte da gewesen sein.

Als mein Bücherstapel steht, macht die Zeit einen Sprung. Sie beginnt, schneller zu laufen, man könnte sagen: Sie rast. Das hat nichts mit meiner Uhr zu tun, sondern mit der Jahreszeit, dem Monat Dezember, und dem, was man subjektives Zeitempfinden nennt. Weihnachten kommt immer schneller, als ich denke, plötzlich und unerwartet. Und dann ist Silvester. So ist es auch dieses Mal. Die Tage nach meinem Ausflug an den Strand zischen geradezu an mir vorbei. In den Nächten regnet es und ist kalt. In Gummischuhen nehme ich Fahrt auf und schlittere mit flatterndem Schal über die Terrasse, elegant wie Snoopy in einem Cartoon. Am Weihnachtsbaum von Elduvík hängt die Spitze schief. Der Wind hat den Stern umgeweht. Ein Mann mit Ohrenklappenmütze und Leiter steigt aus einem Auto und richtet ihn wieder auf. Zwei Hasen mit hellgrauem Winterfell hoppeln an unserem Haus vorbei in den Hang. Im Wohnzimmer öffne ich einen Bilderrahmen, drapiere ein Gemälde aus Algen und hänge den Rahmen zurück an die Wand. Schafe entern das Piratenboot, in dem im Sommer die Ferienkinder spielen. Mein Mann ist plötzlich da und sitzt Heiligabend neben mir in der Kirche.

Auch Poul Johannes hat der Zeitsprung überrascht: Das Familienbadezimmer, an dem er herumwerkelt – eine Komplettsanierung, die er selbst vornimmt, demnächst verschalt er Rohre –, wird in diesem Jahr nicht mehr fertig; dann eben nächstes Jahr, sagt er. Während der Baustellenführung, die er mir gibt, sprechen wir über James Bond. Vor nicht allzu langer Zeit sind Aufnahmen für »No Time To Die« auf den Inseln gemacht worden, eine höchst geheime Sache. Bond-Fan Poul Johannes war dabei, als der Filmhubschrauber in Tórshavn ankam. »Ich sollte im Kino zu sehen sein. Man hätte zeigen können, wie ich für Bond ein Bad umbaue«, sagt er, klopft sich Staub von der Hose, zwinkert – und dann haben wir den 31. Dezember.

Der letzte Tag des Jahres beginnt mit einer dicken schwarzen Spinne im Bad. Eigentlich sind mir Spinnen egal. Ich weiß, dass sie äußerst nützliche Tiere sind. Ich habe nichts gegen sie – es sei denn, die Spinne ist mittelgroß, hat einen fleischigen Hinterleib, flinke Beine und krabbelt mir, weil ich sie mit meinem Gehüpfe offenbar zu Tode erschrecke, vor der Dusche in den Hausschuh und über den nackten Fuß. Als ich nach dem Abtrocknen und Anziehen im Flur stehe, durch den die Spinne geflüchtet ist – wohin auch immer –, sind meine Haare geföhnt, die Uhr geht auf halb elf zu, und es wird allmählich hell. Für den Abend hat der Wetterbericht einen schweren Sturm mit Böen in Orkanstärke angekündigt. Momentan drückt gelangweilter Wind aus Südwest das Wasser aus der Bucht. Die Luft ist nichtssagend grau. Weil ich der Meinung bin, unbedingt in diesem Jahr und keinesfalls im nächsten etwas erledigen zu müssen, bilden Poul Johannes, mein Mann und ich eine Fahrgemeinschaft und gehen in Runavík einkaufen. Danach fahren wir nicht zurück nach Hause, sondern am Wasser entlang nach Morskranes und betreten eine Werkstatt. Ein großer, heller, aufgeräumter Raum, der eine Schubkarre, eine Werkbank, Allzwecksauger, elektrische Sägen und weitere Maschinen beherbergt. In einer Ecke bullert ein Ofen. Mortan trägt einen gefütterten Arbeitsoverall, ist ein Cousin von Poul Johannes und hat etwas, das ich unbedingt auch haben möchte: großartigen Rhabarber.

»Allein hier auf diesem kleinen Stück«, sagt Mortan, der hinter seinem Haus an krumm gewachsenen Sträuchern vorbei eine Treppe hinuntergeht und auf ein eingezäuntes Quadrat Erde am Fjord zeigt, »habe ich hundert Kilo geerntet.«

Die Wurzeln, die er für mich mit einer Forke ausbuddelt und in Säcke steckt, die ich aufhalte, möchte ich morgen Nachmittag – als erste glorreiche Tat des neuen Jahres – auf meinem Feld in Elduvík wieder einbuddeln. Rums. Die nächste Wurzel rauscht in den Sack, der immer schwerer wird. Heute Silvester feiern, morgen, wenn der Sturm abgeflaut ist, auf meinem Feld stehen und graben. Ich finde das genial. Genau so habe ich mir das gedacht, nachdem ich diverse Wettervorhersagen studiert hatte – die für jetzt scheinen zu stimmen.

Als wir uns auf den Rückweg machen, Poul Johannes und mein Mann vorne im Auto, ich – voller Euphorie – auf der Rückbank, die Säcke mit dem Rhabarber im Kofferraum, braut sich etwas zusammen. Das Wasser, an dem wir entlangfahren, ist in Aufruhr und trägt Schaumkronen. Lilafarbenes Zwielicht sickert vom dunklen Himmel, der das Meer berührt. Wintergras duckt sich im Wind. Hinter Funningsfjørður steigt die Straße auf dem Weg in unser Dorf an. Die Landschaft ist blass und düster. Der Fjord, auf den ich durchs Autofenster hinabschaue, sieht glatt aus und hat einen blauen Schwarzton. Ich finde das toll und plappere auf Poul Johannes ein, der nach einer Weile links ranfährt, damit ich in Ruhe schauen kann. Er teilt meine Begeisterung für Wetterphänomene. Aber er würde niemals auf die schwachsinnige Idee kommen, aus dem Auto zu springen und eine Wand aus Turbulenzen und Wind, die sich über den Fjord schiebt und auf uns zukommt, fotografieren zu wollen.

Ich habe keine Chance. Der Wind haut mich um. Mit der Kamera segle ich über Schotter auf den Abgrund zu und denke: Das war's. Als Nächstes weiß ich, dass ich auf dem Boden sitze und der Wind mir von hinten die Jacke über den Kopf peitscht. Dass ich auf einmal wieder Gewicht habe und nicht weiterrutsche, sondern auf der Stelle sitzen bleibe. Vor dem Abhang. Jemand hilft mir auf; mein Mann. Der restliche Weg nach Hause verläuft sehr schweigsam. Auf dem Rücksitz schalte ich meine Kamera ein und teste Knöpfe und Rädchen; funktioniert. Im Badezimmer – ich bin dabei, mir die Hose auszuziehen – höre ich, wie Steine auf die Fliesen fallen; andere stecken in meiner Haut.

Abends herrscht eine merkwürdige Stimmung. Niemand hat Lust auf Silvester. Bei Poul Johannes und Frida sitzen wir vor dem Fernseher und schauen »Dinner for One«. Ich beende ein dilettantisches Strickwerk, eine rostrote Mütze, die, als ich sie aufsetze, wie eine zu enge Badekappe aussieht. Und die Farbe steht mir auch nicht. Um Mitternacht hebt mein Mann sein Glas und sagt: »Schön, dass du das noch erleben kannst.« Später bei uns zu Hause tupfe ich mir im Bad die geschotterte Seite mit Alkohol ab und denke an das Omen, die schwarze Spinne.

Neujahr verbreite ich nonstop schlechte Laune, weil ich das Gefühl habe, mit meinem Leben nicht genug Sinnvolles anzufangen, und der Meinung bin, Vorsätze fassen zu müssen; weniger dies, mehr das. Außerdem komme ich mit meinem Plan, schnorcheln gehen zu wollen, nicht voran; wieder verschicke ich Nachrichten. Die Wetterverhältnisse sind auch mies. Nicht nur, dass es immer noch ziemlich stürmisch ist, obendrein schüttet es wie aus Kübeln. Bei so einem Wetter kann man nicht auf einem Feld stehen und Rhabarberwurzeln eingraben – so viel zur ersten glorreichen Tat des neuen Jahres.

Tags darauf beträgt die Außentemperatur mittags drei Grad Celsius, der Wind kommt aus Südwest und weht mit neun Metern pro Sekunde, in Böen bis neunzehn; Nachtfrost ist bis auf Weiteres nicht zu erwarten. Als ich vor dem Haus stehe, sehe ich, dass der Sturm die morsche Schuppenwand eines Nachbarn umgerissen hat. Auf dem Feldweg, über den ich fahre, spritzt aus Pfützen Wasser. Vagabundierende Gänse, an denen ich mit heruntergekurbeltem Fenster vorbeirolle, fauchen. Mein Zaun steht noch. Aus dem Kofferraum hieve ich Spaten, Eimer und Säcke, ziehe mir Arbeitshandschuhe an, öffne das Tor zu meinem Feld und beginne zu graben. Der Boden ist lehmig und an einigen Stellen quatschnass. Vielleicht sollte ich über ein Entwässerungssystem nachdenken. Die Landschaft ist weit und braun, die Luft frisch, die schlechte Laune verflogen. Der mäandernde Bach, der aus den Bergen kommt, rauscht. Auf den Gipfeln liegt Schnee. Wo könnte es einen besseren Platz für großartigen Rhabarber geben?

Mortan hat mir zwei Tipps gegeben, die ich zum ersten Mal anwende. Poul Johannes hat seit Kurzem Hühner, eine alte, robuste Rasse aus Island, die auf die Landnahme der Wikinger zurückgeht. Ein Hahn und vier Hennen, in deren Hühnerhaus ich Mist in einen Eimer geschaufelt habe, bevor ich zum Feld gefahren bin. Der zweite Tipp liegt in einem Sack und hat mit Schafen zu tun: zuerst graben; das Loch mit Rohwolle auspolstern; Hühnermist auf die Schafwolle schaufeln und die Rhabarberwurzel draufsetzen; das Loch wieder zubuddeln und die Erde mit einer Schicht Hühnermist bekrümeln. So, hat Mortan gesagt, werde es mancherorts in Schottland gemacht. Von dort habe er den Tipp. Die Schafwolle, die Stickstoff, Kalium und Phosphate enthalte, wirke als organischer Dünger, verbessere den pH-Wert saurer Böden, halte die Erde locker, schütze die Rhabarberwurzeln vor Frost und verrotte mit der Zeit.

Mit Schafwolle kann man verschiedenerlei Dinge anfangen. Man kann in Gummistiefeln auf lehmigem Boden herumrutschen und sie als biologisch abbaubaren Dünger und Sperre gegen Kälte und Unkraut nutzen. Man kann sie fotografieren, mit dem Teleobjektiv ranzoomen und abbil-

den, wie Hagelkörner im Fell eines Schafes hängen bleiben, das am Strand steht und Algen frisst. Oder man kann
mit den Nadeln klappern und sie verstricken. Auch ich
probiere es wieder, mal mit mehr, mal mit weniger Erfolg.
Mein Mann hatte eine grundsätzlichere Idee. Er fand es
schrecklich, dass der Großteil der färöischen Schafwolle
heutzutage verbrannt wird, weil die Wolle – jahrhundertelang das wichtigste Handelsgut der Inseln – aus Sicht des
Weltmarktes nichts mehr wert ist und häufig Kunstfasern
benutzt werden.

Am vierten Tag des neuen Jahres findet seine Präsenta-
tion statt. Mein Mann parkt an der Bucht, öffnet die Heckklappe, gegen die Wind drückt, und trägt einen Koffer und
einen großen Karton – das Paket, auf das er in Deutschland gewartet hatte – in die alte Schule. Die Menschen auf
den Schwarz-Weiß-Fotos an den Wänden schauen zu. Auf
die Tische stellen wir Thermoskannen und verschiedene
Blechkuchen, die ich gebacken habe; Apfel und Rhabarber.
Die Tür geht auf. Nachbarn, die Freunde sind, und Freunde
aus anderen Dörfern hängen Jacken über Stühle. Schon
bald herrscht Stimmengewirr, und es duftet nach Tee und
Kaffee. Mein Mann begrüßt die Gäste. Und dann erzählt er
ihnen, was er mit der Schafwolle, die er von ihnen bekommen hat, angestellt hat. Wollknäuel werden herumgereicht:
handgemachtes Strickgarn in Naturfarben, Schokoladen-
braun, Glanzgrau und Creme. Anschließend hält er eine
dicke Spule mit graubraunem, feinerem Garn in den Händen.

»Das war der nächste Schritt. Den brauchte ich, weil
ich es mir in den Kopf gesetzt hatte, Stoff weben zu lassen. Kein einfaches Unterfangen, aber nach langem Pro-

bieren ist es gelungen.« Stolz präsentiert mein Mann verschiedene Loden – überraschend weiche, wasserabweisende Wollstoffe, alle naturbelassen – und Dinge, die er daraus hat produzieren lassen: Decken, Kissen, Taschen. Die Besucher seiner kleinen Show kommen aus dem Staunen gar nicht mehr heraus. Danach folgt der Höhepunkt: eine Herrenjacke mit großen Taschen und einem Design, das an Arbeitsjacken erinnert, die englische Farmer in den 1930er-Jahren getragen haben könnten – robust, langlebig, wetterbeständig. Und schon geht es los. Jeder möchte die Jacke anprobieren. Fotos werden gemacht. Einige würden die Jacke am liebsten gleich behalten. Großer Applaus, alle freuen sich, dass aus dem, was eben noch verbrannt wurde, eine tolle und nützliche Sache geworden ist. Zum Abschluss erzählt mein Mann noch, dass er für die Produktion eine Firma gegründet habe, die er Nordic Wool Factory nenne. Alle hier, von denen er Wolle bekommen habe, sagt er, seien Teil des Projektes, »und der Gewinn wird unter uns aufgeteilt.« Applaus und viele freudige Gesichter.

Es ist kurz nach drei am Nachmittag, als ich wieder einmal aus dem Küchenfenster schaue – und das Schaf auf dem Dach steht. Zwei, drei Minuten lang beobachte ich es mit dem Fernglas. Dann laufe ich zum roten Haus mit der grünen Tür und lege den Kopf in den Nacken. Das cremeweiße Schaf, das an den Flanken und im Gesicht schwarze Flecken hat, marschiert wie ein Rasenmäher über den Giebel und frisst Gras. Im Hintergrund sehe ich die Kirche. Unter seinem Fell trägt das Schaf eine Kordel, an der gut sichtbar eine orangefarbene Marke mit einer handgeschriebenen Nummer hängt: »21«. Eines meiner Lieblingsschafe, das Poul Johannes gehört; ein sogenannter Springer. Keiner weiß, warum diese Schafe auf Dächer springen, sobald sich ihnen die Möglichkeit dazu bietet. Wahrscheinlich schmeckt das Gras oben besser; salziger womöglich. Und die Aussicht ist gut. Oder es ist die schiere Abenteuerlust. Vorgestern habe ich das Schaf, das momentan über mir neben dem roten Schornstein steht, auf einem der Grasdächer der Bootshäuser erwischt. Wobei es mir gelungen ist, den Augenblick zu dokumentieren, in dem Nummer 21 wieder vom Dach runtersprang: ein Schaf, das einen perfekten Handstand hinlegt.

Nachdem ich bei den Bootshäusern das Kopfüber-Foto gemacht hatte, war die Nachricht aufgeploppt. Jetzt, wo ich dringend auf weitere warte, habe ich die Einstellungen meines Telefons, das sonst stumm zu bleiben hat, in so viele Töne und Vibrationen wie möglich geändert. Janus von Faroe Dive hat geschrieben. Er ist bereit, mit mir schnorcheln zu gehen.

Aber dann spielt das Wetter nicht mit. Kaum hat das Schaf seinen Ausflug auf das Dach des roten Hauses mit einem weiteren kühnen Sprung beendet, fegt plötzlich ein Sturm nach dem anderen über die Inseln. Schulen bleiben geschlossen. Flüge fallen aus. Busse fahren nicht mehr. Dächer in Tórshavn, Klaksvík und auf Nólsoy werden beschädigt. Auf Vágar fliegt ein Heuschuppen durch die Luft. Der Bach, der aus den Bergen kommt und Elduvík in zwei Teile teilt, mäandert nicht mehr, sondern überschwemmt Grasland. Weidezäune stehen im Wasser.

Das Wetter beginnt, an meinen Nerven zu zerren. Tagelang kracht Wind in unsere Wände. Im Flur zieht es, und wenn ich am Konsolenschreibtisch sitze, frieren meine

Füße. An den Fenstern klebt von außen Gras; Halme, die der Wind abreißt, durch die Gegend wirbelt und gegen die Scheiben drückt. Irgendwann sitze ich unter der Lampe im Sessel, ignoriere die wütenden Stöße und like auf dem Facebook-Account der »Sesamstraße« ein mit blauem Fell unterlegtes Zitat des Krümelmonsters: »Today, me will live in the moment«. Danach fühle ich mich besser und ergebe mich meinem Schicksal – das Schnorcheln werde ich in diesem Winter wohl vergessen können. In einer Sturmpause sagt mein Mann zu mir: »Ich muss hier dringend mal raus.«

In Tórshavn laufen wir durch die leer gefegte Fußgängerzone zum Suppugarðurin und bestellen japanische Ramensuppe, zweimal Spicy Miso. Während wir unsere Suppen löffeln, füttert auf dem Wandbild hinter mir ein Mangamädchen, das Rock, Kragenbluse, Weste und Overknees trägt, mit Stäbchen einen Drachen. Abends stürmt es. Im gelben Schein der Dorflaternen fällt der Regen horizontal.

Als ich am nächsten Morgen aufwache, hat es geschneit, und in der Regenrinne unseres Grasdaches wachsen Eiszapfen vor einem eisblauen Meer und Himmel. Mein Mann schiebt auf der Terrasse die umgedrehte Holzbank zur Seite und bindet an einer Holzlatte unseren Weihnachtsbaum fest, um den herum sich kleine Gruppen von Schafen versammeln, die den Baum beäugen, schließlich Mut fassen und die Zweige abfressen. Als der Baum aufhört zu wippen, blinkt, tönt und vibriert mein Telefon. Eine Nachricht von Janus. Er hat ein Zeitfenster fürs Schnorcheln ausgemacht: Mittwoch, zwischen fünf Uhr nachmittags und neun Uhr abends könnte es klappen.

Am Montag bin ich aufgeregt. Am Dienstag beschließt mein Mann nach einigem Überlegen, dass er auch gerne schnorcheln möchte. Kein Problem, schreibt Janus. Er bringe alles mit. Die Wetter- und Seebedingungen dürften stimmen – die Verabredung zum Schnorcheln steht. Nachts habe ich einen wirren Traum, in dem Elduvík in Nordfriesland liegt, ich ein Schaf interviewe, in Gummistiefeln über einen roten Teppich laufe, von Leonardo DiCaprio verfolgt werde und fliegen kann. Und dann ist Mittwoch.

Um 9:30 Uhr wird es am fünfzehnten Tag des neuen Jahres in Elduvík, Eysturoy, Färöer, langsam hell. Nachmittags um vier beträgt die Außentemperatur sechs Grad, und über dem Grashang hinter unserem Haus setzt die Dämmerung ein. Um fünf kann man den Hang und die Berge nicht mehr sehen, weil es dunkel ist; ein Abend ohne Sterne. Eine weitere Dreiviertelstunde vergeht. Dann höre ich Autos vorfahren und parken. Plastikwannen mit Ausrüstung werden über Schotter getragen und im Eingang und Flur abgestellt. Unser Haus verwandelt sich in eine Schnorchelbasis. Wir sind zu fünft: Janus, Cecilia und Tommy, die sich von Janus zu Berufstauchern ausbilden lassen, mein Mann und ich. Jeder steht da, wo er Platz findet. Janus reicht mir einen 7mm-Nasstauchanzug, in den ich mich zwänge. Beim Reißverschlussschließen hilft mir mein Mann, der bereits Anzug, Handschuhe und Boots trägt. Sobald alles zu ist, wird mir heiß. Die Haube, sagt Janus, soll ich erst aufsetzen, wenn wir angekommen sind, damit ich bis dahin über meinen Kopf abkühlen kann. Maske, Schnorchel und Flossen halte ich in der Hand.

An dunklen Sommerhäusern vorbei ziehen wir in unseren Anzügen durchs Dorf. Eine Laterne beleuchtet eine

Ecke, in der vor einer eingefallenen Mauer Schafe stehen. Auf einem Hausbriefkasten liegt ein Stein. In einem Fenster flackert hinter einer Gardine das Licht eines Fernsehers. Nach dem letzten Haus und der kleinen Schranke laufen wir über den Grasweg, der am Wasser entlangführt. Das Meer, das ich nicht sehen kann, ist riesig in der Dunkelheit und dröhnt und rauscht. Unter meinen Neoprenfüßlingen spüre ich, wie aus Gras und Sand Beton wird – die Stufen, die hinab in den alten Hafen führen. Mit der Taschenlampe, die fest verzurrt an meinem linken Handgelenk hängt, leuchte ich einen rostigen Poller und ein Stück unruhige türkisfarbene See an, auf der es schäumt. Drum herum bleibt alles pechschwarz.

»Denkt daran, dass wir im Wasser zusammenbleiben«, sagt Janus. »Und passt auf, dass ihr euch nicht aus Versehen gegenseitig mit den Taschenlampen in die Augen leuchtet. Dann seht ihr eine halbe Stunde lang gar nichts.« Neben Pollern und auf Waschbeton verschraubten Holzbohlen zurren wir die Fersenbänder unserer Flossen fest und setzen Maske und Schnorchel auf. Das Seil, an dem wir uns später herausziehen müssen, fliegt in die Finsternis und klatscht ins Wasser. Tommy springt als Erster und vom Anleger. Mein Mann tastet sich an einer improvisierten Geländerstange auf Flossen schmale Stufen hinunter und springt hinterher. Cecilia folgt ihm.

»Jetzt du«, sagt Janus.

Als ich wieder auftauche, habe ich Mühe, gegen die Wellen anzukämpfen, die von oben längst nicht so hoch ausgesehen haben, wie sie in Wirklichkeit sind. Rechts, Mitte, da, wo wir eben noch gestanden haben müssen: Alles ist schwarz. Wasser schlägt über meinem Kopf zusammen.

Die Flossen kommen mir zu groß vor. Ich habe Wasser im Schnorchel. Aber anstatt es auszublasen – eigentlich weiß ich genau, wie das geht –, japse ich herum und paddele zu einer Betonstufe, an der ich mich festklammere, während es mit dem Wasserfahrstuhl auf und ab, auf und ab geht; so wird das nichts. Janus taucht aus dem Nichts neben mir auf und fragt, ob ich in Ordnung bin. Ich zerre an meinem Schnorchel und sage: »Nicht wirklich. Ich bekomme zu wenig Luft.« Danach stecke ich den Schnorchel zurück in den Mund und blase das Wasser instinktiv aus. Janus drückt meine Hand. Ich mache das Tauchzeichen für »O. K.« und fühle, wie mein Atem ruhiger wird. Dann lasse ich die Stufe los, drehe mich um und stecke den Kopf unter Wasser.

Es ist eine Welt voller Schönheit. Die nahezu senkrechte Felswand, an der entlang ich hinab in die Tiefe schaue, ist über und über mit Leben besiedelt: Muscheln und Myriaden kraterförmiger Kalkgebilde, von denen ich weiß, dass es Seepocken sind. Weiter unten schimmern rotbraune Blätter; schwammige braune Flecken; festes Weiß; fahles Rot. Plötzlich können die Wellen und die Dunkelheit meinem Schnorchel und mir nichts mehr anhaben. Gestreckt, perfekt austariert und mit dem richtigen Flossenschlag gleite ich gemeinsam mit den anderen durchs Wasser. Nach einer Weile, von der ich nicht weiß, wie lange sie gedauert hat, schwimme ich über einem Tangwald, der mir im Lichtkegel meiner Lampe aus der Tiefe zuwinkt; mattbraun, meterhoch und blassgrün. Danach wird es milchig, etwas klarer, wieder milchig. Durch meine Kopfhaube sickert ein bisschen Nordatlantik-Schwarz in meinen Anzug. Ein merkwürdiges Gefühl, aber mir ist nicht kalt. Einige Flossenschläge weiter, von denen ich nicht sagen kann, ob es drei oder drei Dutzend waren und was sie in Meter umgerechnet bedeuten, sehe ich eine explodierende Unterwasserwolke vor mir. Schwebeteilchen, Plankton. Oder Schlammpartikel, die ein Sturm oder ein Regen von Felsen ins Wasser gespült haben könnte. Winzige Kringel, Spiralen, Striche und Punkte, durch die ich hindurchschwimme. Anderswo komme ich an etwas vorbei, das eine Krabbe sein könnte; ein Seestern; eine tanzende Qualle; ein schlafender Fisch in einer Spalte. Die Flosse, die ich vor mir sehe, gehört zu Janus, der mir signalisiert, dass wir langsam zurücksollten. Der Seegang wird zu stark.

Noch einmal schaue ich an der Felswand entlang hinab in die Tiefe, in der sich Algen verbeugen. Dann tauche ich auf und ziehe mich am Seil aus dem Wasser. Eine Hand wird mir entgegengestreckt; mein Mann. Neben einem Poller umarmen wir uns und geben uns einen Kuss. Mit pochenden Herzen lassen wir die Lichtkegel unserer Taschenlampen über das wilde Wasser und die Felswände und durch die Luft huschen, die weit und kühl und rein ist und ganz und gar ausgefüllt vom grollenden Donnern des Meeres. Danach laufen wir zu fünft im Gänsemarsch die Treppe hoch. Als wir oben ankommen, leuchte ich in der Dunkelheit ein Schaf an, das neugierig guckt, bevor es in den Hang springt und davongaloppiert. Es ist Nummer 21.

Epilog

Jetzt sitze ich schon seit einer Ewigkeit am Strand von Elduvík, bei der Statue, die für das Marmennilin aufgestellt wurde, schaue auf das Meer, zähle Wellen, die auf meine Stiefel zurollen, fühle Wind, schmecke Salz, höre Möwen, Gischt und Gedanken fliegen. Mehr als sieben volle Jahre sind vergangen seit jenem Fernsehnachmittag, an dem mein Mann und ich die Färöer zum allerersten Mal sahen; auf dem Bildschirm, in unserem Wohnzimmer in Berlin, in dem ein Globus leuchtete und die Welt alsbald begann, sich in einem anderen, neuen, schöneren Takt zu drehen.

Das Tempo zurückzufahren hat gutgetan. Die Auffassung vom Sein, die Bewertung und Betrachtungsweise der Dinge, die Denkweise, die wir auf den Färöern gefunden und auf unser Leben in Deutschland übertragen haben, ist eine gelassene. Zumindest so oft als möglich, Ausnahmen bestätigen wie immer die Regel, es gibt Höhen und Tiefen, aber ohne all das wäre es ja auch ein Märchen und nicht unsere, meine Geschichte. Nun leuchtet der Globus in Nordfriesland. Land zwischen zwei Meeren, auf dem wir mit Fahrrädern an die Nordsee fahren oder auf einem kleinen Hof beim Melken der Kühe helfen. Wir finden es immer noch spannend, zu schauen, zu lernen, Neues auszuprobieren. Einfach so. Das hört auch nicht auf. Und wenn man in so einem Stall steht und mit einem Schieber über den Boden fährt oder die Kälber füttert, braucht man Gelassenheit. Auch Kühe mögen keine Hektik.

Das Projekt, das mein Mann mit färöischer Schafwolle gestartet hat und bei dem ich mitmache, wächst. Inzwischen gibt es einen Showroom der Nordic Wool Factory in Nordfriesland. Ein großer, hoher Raum mit freigelegten Deckenbalken, bodentiefen Fenstern, lindgrün gestrichenen Vertäfelungen und viel Platz für Ideen; früher einmal gehörte er zu einer Tanzgaststätte, in der sich verliebte Paare drehten. Auf weiß lasierten Holztischen hat mein Mann Decken, Taschen, Strickgarn und kleine Portemonnaies aus Fischleder drapiert. In den Vitrinenfenstern einer Klinkerwand stehen große, dicke graubraune Garnrollen. Aus der aufgezogenen Schublade eines Küchenbüfetts äugen Wollknäuel. Auf Kleiderständern hängen Hoodies, Westen und Jacken. In die Mitte einer Wandtafel hat mein Mann ein Schaf gemalt. Ein paar Klicks nur, und schon läuft auf zwei Flat-Screen-Monitoren eine Mosaikfotoshow mit meinen Bildern von den Färöern. Mächtige, aufgefaltete Inselrücken; vereiste Bergstraßen; Küstenlinien aus Mondkratergestein. Windzerzauste Schafe am Fjord, an dem Mortan seinen Rhabarber anbaut. Elduvík, das Dorf, das nicht wie jedes andere ist, im Wechsel der Jahreszeiten, Sonne, Regenbogen, Nebel. Ausfahrt zum Fischen am Rande der Djúpini, nachdem der Motor angesprungen ist. Bjarni, wie er in der geöffneten Heckklappe eines Autos vor der alten Schule sitzt. Eine Garnrolle auf unserem Grasdach. Schnee und ein Schaf vor dem Boot, an dem Ferienkinder im Sommer die Piratenflagge hissen. Wir mit Hunden und Walkie-Talkies beim Schafetreiben in den Bergen und beim Scheren im Pferch. Veilchen, Dotterblumen, der Feldweg, Border Collies, Pfannkuchen, die Dorfgemeinschaft, meine Schere, Säcke mit Wolle, auf Zaunlatten aufgetürmte Vliese. Poul Johannes, Frida, Malan, Eivind, Malvinus, Jóhanna, Steintór und alle, nach denen mein Mann seine schönen Dinge aus Wolle benannt hat, als Hommage an diesen wunderbaren Klecks Erde im Nordatlantik, der unsere zweite Heimat wurde, als Ode an den Entdeckergeist, der niemals verloren gehen darf im Leben, und als Hymne an die Freundschaft.

Vieles ist passiert. Nichts davon möchte ich missen. Keinen Tag, keine Nacht, kein Wetter, keinen Spatenstich, keine Gabel Heu, keinen Spritzer Schafsdreck im Gesicht, keine schwarze Spinne. Ob alles einen tieferen oder höheren Sinn hatte, vermag ich nicht zu sagen. Aber: Alles hatte seine Zeit. Was für dieses Buch wichtig ist, habe ich aufgeschrieben. Die Hauptrolle gebührt den Inseln. Für jedes Erlebnis, jede Geschichte, die mir ihre Bewohner erzählt haben, für jede Begegnung und jede Freundschaft bin ich unendlich dankbar. Jetzt bin ich wieder am Anfang. Oder mittendrin. Wer weiß das schon. Eines aber ist sicher hier in Elduvík: Die nächste Schaumkrönchenwelle kommt bestimmt.

Für alle, die noch mehr Färöer wollen: Hier entlang geht es zu ausgewählten Akustikschnipseln und Videonotizen aus meiner Bibliothek der guten Geräusche und Gefühle.

Hören

Sehen

Dank

Logbuch-Kritzelei: Mit dem Laptop am Schreibtisch im Lesezimmer. Draußen geht ein scharfer Wind, der Mast einer Straßenlaterne wackelt, leuchtende Graswellen fließen und wabern über den Hang. Bald schon wird all das Gras vorm Fenster braun sein und der Weihnachtsbaum an der Bucht stehen. Und dann erscheint dieses Buch – das es ohne ihn, meinen Mann, nicht hätte geben können. Du und ich: Danke für deinen Mut, deine unkonventionellen Ideen und deine kreative Art, die Welt zu sehen. Und dafür, dass der alte Yamaha-Außenborder endlich bei einem Bastler gelandet ist.

Es gibt weitere Quellen der Inspiration und des Wissens. Vornan die TV-Dokumentation »Winter auf den Färöern« von Sven Jaax, mit der alles begann. Danke, Sven! Ohne deinen Film hätten wir die Färöer vielleicht nie gefunden. Beim Schreiben über den Nykur, der im Vatnið sein Unwesen treibt, inspirierte das Gedicht »Ophélie« von Arthur Rimbaud. Die Anthologie »Von Inseln weiß ich …«, herausgegeben von Verena Stössinger und Anna Katharina Dömling, half bei der Geschichte der färöischen Sprache und bei den färöischen Balladen. Vom Tindhólmur zum Mars: Danke, Hans und Nicole, dafür, dass ihr Wissenschaftler seid, und für die Informationen und das Gegenlesen der Passage. Die Jagd nach dem Nordlicht stützten Dr. Arno Riffeser, Universitäts-Sternwarte München, und Dr. Michael Schmiedeberg, Friedrich-Alexander-Universität Erlangen-Nürnberg, mit Fachwissen. Informationen zu den Besonderheiten der Meeresbewohner, die rund um die Färöer leben, und zur Beschaffenheit des Meeresbodens lieferten die Website *Faroese Seafood* (Species), Steintór und die Beschreibungstexte diverser färöischer Briefmarken, unter anderem verfasst von Óli Jacobsen (Seenotrettung) und Ámundur Nolsøe (Seeanemonen).

Dank auch an Arndt Kremer für seinen Text »Eine Welt für sich. Die Insel als literarischer und sprachlicher Grenz- und Denkraum« (erschienen in »Aus Politik und Zeitgeschichte«). Die Wortschöpfung »geografische Tatsache« habe ich von ihm übernommen, die Feststellung, dass Inseln den Menschen zum Anhalten und Warten zwingen, aufgegriffen und weitergesponnen. Kein Wurmzipfel im Hobbithaus von Leynar ist natürlich angelehnt an »Der kleine Hobbit« von J. R. R. Tolkien. Und Nick Cave wiederum war es, der in »Der Tod des Bunny Munro« von einem Himmel schrieb, über den »optimistische weiße Wolken« ziehen. Die Zuversicht der Wolken hatte es mir angetan – wobei es bei mir selbstredend »optimistische Schäfchenwolken« sind.

Von einer Idee zum Buch: Danke, herzlichst, der Elisabeth Ruge Agentur, allen voran Mimi Wulz, für den Glauben an das Projekt. Vici fürs Zuhören. Dem Tier mit der Schleife für seine Abenteuer. Dem Team Piper Malik.

Sophia Ulbrich für die fabelhaften Illustrationen und Karten. Und meiner Lektorin Ann-Marie Mecklenburg: für deine Begeisterung, Arbeit und die Liebe zu Text und Thema. Danke auch Mike und seiner *Pangey*, für das unvergessliche Erlebnis der Überfahrt. Und, wie könnte es anders sein, ein herzliches Dankeschön allen Inselbewohnern, die mich in den letzten Jahren an ihrem Leben teilhaben ließen. Mein besonderer Dank gilt Poul Johannes, Frida, Malan und Eivind. Auch ohne euch hätte es dieses Buch nicht geben können. Zu guter Letzt: Danke, Professor Dr. Hjalmar P. Petersen, Fróðskaparsetur Føroya (Universität der Färöer), für das Gegenlesen färöischer Wörter und Sätze. Die Groß- und Kleinschreibung färöischer Wörter wurde um der Lesbarkeit willen – da, wo sinnvoll – dem Deutschen angepasst.

Inzwischen hat es begonnen zu regnen. Tropfen laufen die Scheiben hinunter und malen Muster auf das Fensterglas. Malvinus, Erling, Bjarni: Vorhin habe ich euch besucht. Über die Feldsteinmauer des kleinen Friedhofes von Elduvík hüpften Austernfischer, »kliep, kliep«, orangerote Schnäbel; davor saßen drei Hasen in der Sonne, braun, aufgestellte Ohren, und dann waren sie verschwunden. Es ging so plötzlich: Ihr seid nicht vergessen. Die Geschichten, die ihr mir erzählt habt, unser Beisammensein, nichts ist vergessen.